Kurt Nikolaus

Zu Gast bei Sherlock Holmes

Kurt Nikolaus

Zu Gast bei Sherlock Holmes

EIN HÖRSPIEL, EINE ERZÄHLUNG
UND EIN DRAMA

VERLAG 28 EICHEN
BARNSTORF

Die Deutsche Bibliothek verzeichnet diese Publikation
in der Deutschen Nationalbibliographie.
Detaillierte bibliographische Daten sind im Internet über
http://dnb.ddb.de abrufbar

ISBN 978-3-940597-42-7

Cover unter Verwendung der Grafik
„Ein Vier-Pfeifen-Problem"(2009) von Olaf R. Spittel

Schattenriß auf Seite 2 aus: Bernhard Fehr: Die englische Literatur des 19. und 20 Jahrhunderts. Akademische Verlagsgesellschaft Athenaion, Berlin-Neubabelsberg 1923 nach: Bookman 1912

Herstellung: Books on Demand GmbH, Norderstedt

Zum 150. Geburtstag
von
Sir Arthur Conan Doyle
(1859 - 1930)

Für Michael Repp
(1950 - 2008)

Inhalt

Vorwort

Als ich im Dezember 2006 die parodistische Kurzgeschichte von Andreas Willscher las, betitelt „Das Abenteuer mit den Weinflaschen“, da habe ich spontan gedacht: Das möchte ich gerne sehen, nicht bloß lesen! Wie sich die beiden bekannten Herren in ihrer viktorianischen Gentlemen-WG unter Alkoholeinfluss verhalten, das wäre doch eine Verfilmung oder eine Theateraufführung wert.

Aber Hollywood ist weit, Spielberg konnte ich gerade nicht erreichen, und ein Stück auf die Bühne zu bringen, macht eine Menge Theater. Also wollte ich mir ausmalen, wie diese Szenen als Hörspiel ablaufen würden. Herr Willscher hat mir freundlicherweise erlaubt, seine Idee und einen Teil seiner Dialoge zu verwenden; anderenfalls hätte ich nicht darauf aufbauen können.

Außerdem hatte ich schon länger darüber nachgedacht, wie sich wohl das Dreiecksverhältnis Holmes – Doyle – Watson gestalten würde angesichts der häufigen Kritik, die Sherlock Holmes an den von Dr. Watson (mit Hilfe von Conan Doyle?) publizierten Berichten übt. Oder spricht hier etwa Conan Doyle durch den Mund von Sherlock Holmes? Versucht er sich womöglich von seiner – ungeliebten, aber einträglichen – Schöpfung zu distanzieren? Meine persönliche Meinung ist eher, daß Sir Arthur hier prophylaktisch versuchte, möglichen Kritikern „den Wind aus den Segeln zu nehmen“. Wie auch immer, jedenfalls konnte ich nicht widerstehen, daraus ein kleines „Beziehungsdrama“ zu machen, in dem auch der schwelende Konflikt um den Widerspruch zwischen kriminalistischer Deduktion und narrativer Fiktion diskutiert (und selbstverständlich nicht gelöst) wird. Es bot sich an, dabei auf ein bekanntes, historisch reales und von Conan Doyle bereits literarisch verarbeitetes Rätsel der Weltgeschichte zurückzugreifen: das legendäre „Geisterschiff“ M. Celeste.

Was passiert, wenn ein Autor seiner Figur begegnet, wenn das Geschöpf auf den Schöpfer trifft? Das weiß niemand so genau, obwohl Conan Doyles Freund und Kollege James Barrie bereits 1924 eine entsprechende Begegnung „arrangiert“ hatte. Dieser Ansatz wurde, soweit ich weiß, nur im deutschen Sprachraum weiterverfolgt: Schon 1937 ließ Robert Adolf Stemmle seinen Holmes-Darsteller (Hans Albers) neben einem höchst erheiterten Sir Arthur agieren. 1982 arrangierte Reinhard Hillich eine entsprechende Begegnung in seinem Vorwort für eine Anthologie im Ostberliner Verlag Neues Leben; schließlich hat Peter Wayand gerade mit Erfolg versucht, den Detektiv gemeinsam mit seinem Schöpfer auf die Bretter zu bringen, welche die Welt bedeuten („Der Fall Conan Doyle“ ebenfalls im Verlag 28 Eichen, uraufgeführt in Koblenz am 7.11.09). Und wie es der Zufall will, kam ich bereits auf die gleiche Idee. Aber bekanntlich glaubt ein Sherlock Holmes ja nicht an Zufälle.

Neben diesen beiden eher parodistischen Texten in Dialogform enthält der vorliegende Band im Hauptteil eine Sherlock-Holmes-Geschichte, die bewusst nicht als sogenanntes orthodoxes Pastiche konzipiert wurde: Sie wird nicht von Dr. Watson erzählt, und sie verläuft nicht ganz so konventionell wie die Original-Geschichten. Dort ist Holmes immer nur mit nicht mehr als einem Fall beschäftigt, zu dem er rechtzeitig hinzugezogen wird. Wenn Sherlock Holmes (wie seine Fans gerne annehmen) eine historisch reale Person gewesen wäre, dann hätten seine Fälle jedoch wohl kaum eine so wohlgeordnete, dramaturgisch optimale narrative Struktur gehabt: Die Fälle hätten sich überschnitten, und oftmals hätte er für seine Auftraggeber „Feuerwehr spielen" müssen.

In diesem Sinne habe ich versucht, etwas mehr ungeordnete Wirklichkeit in die Geschichte einfließen zu lassen. Und noch eine weitere Krimi-Konvention habe ich über Bord geworfen: Ich habe Tat und Täter an den Anfang gestellt, so dass sich die sonst übliche Frage „whodunnit?" gar nicht stellt. Ob es möglich ist, trotzdem Spannung zu erzeugen, möge der Leser entscheiden.

Der Kern dieser Geschichte stammt jedoch nicht von mir, sondern von meinem viel zu früh verstorbenen Freund Michael Repp, dessen vagen Plot ich nun posthum realisieren möchte.

Michael war, neben vielem anderem, ein großer Fan von Sherlock Holmes (auch wenn er das nicht mit der bierernsten Monomanie betrieb, die so manchen anderen Sherlock-Holmes-Fan kennzeichnet). Und genau wie der große Detektiv hatte er gleichermaßen wissenschaftliche, künstlerische und eminent praktische Fähigkeiten und Neigungen.

Kennen gelernt habe ich ihn im Jahre 1980 als Sozialpsychologen und ausgewiesenen Kenner statistischer Methoden. Dabei trug er jedoch keine Scheuklappen, wie so viele andere dieses Wissenschaftszweigs – wenn jemand interdisziplinär arbeiten konnte, dann er. Manchmal kam er mir vor wie ein wandelndes Lexikon; gleichzeitig hat er musiziert, gesungen, gemalt und früher auch Theater gespielt. Als Dichter habe ich ihn zwar nicht erlebt, aber seine Texte, Vorlesungen und Seminare waren immer von seltener Klarheit, bei der man nie den roten Faden verlor. Darüber hinaus war er ein großer Bastler und Tüftler, der Guru des Apple Macintosh, Ratgeber in allen Lebenslagen. Und wie er kochen konnte …

Ich empfand ihn immer als Sherlock Holmes, Dr. Watson und Mrs. Hudson in einer Person!

Allerdings war Michael der (völlig korrekten) Meinung, dass man alles, was wichtig ist, im Text schreiben und alles, was nicht wichtig ist, weglassen sollte. Daher sind meine Fußnoten eigentlich überflüssig er hätte sie jedenfalls nicht gemocht. Sei's drum.

Zu seinem ersten Todestag möchte ich nun dem geneigten Publikum die Sherlock-Holmes-Geschichte vorlegen, die zu schreiben ihm nicht mehr vergönnt war. Ich hoffe, sie hätte ihm gefallen.

Kurt Nikolaus
Berlin, am 6 Dezember 2009

Das ominöse Abenteuer mit den Weinflaschen

Ein Sherlock-Holmes-Hörspiel nach Andreas Willscher

In vino veritas: Die Sache mit Vamberry, dem Weinhändler, wäre beinahe in Vergessenheit geraten. Nun ist auch klar, warum Dr. Watson sich dieser Angelegenheit nur noch verschwommen erinnern kann ...

Personen

Sherlock Holmes

Dr. Watson

Mrs. Hudson

ein Lieferant

Intro

Dr. Watson: Von den vielen exzeptionellen Fällen, die ich mit meinem Freund Sherlock Holmes erleben durfte, waren die meisten aufregend, viele gar dramatisch, etliche bizarr und einige wenige sogar auf unfreiwillige Art komisch, wie etwa die Sache mit der Liga der Rothaarigen. Ich kann mich jedoch nur an einen einzigen Fall erinnern, den ich als vergnüglich bezeichnen würde. Dabei begann er unter Umständen, die keineswegs vergnüglich zu nennen waren. Holmes war schon seit Tagen in einer jener depressiven Launen, wo er so unleidlich wurde, dass man ihn am besten in Ruhe ließ. Irgendwann jedoch hielt ich es einfach nicht mehr aus.

1. Szene

Watson: Holmes, ich würde sehr gerne das Fenster öffnen.

Holmes: Tun Sie das, Watson, ich habe nichts dagegen!

Watson: Holmes! Bei diesem nasskalten Wetter kann man das Fenster doch nicht öffnen!

Holmes: Dann eben nicht, wie Sie wollen.

Watson: *(nachdrücklich)* Holmes! Bei geschlossenem Fenster ist es hier drin nicht auszuhalten!

Holmes: Wie meinen Sie das?

Watson: *(verliert die Geduld)* Müssen Sie Ihre grässlichen, unerträglichen, stinkenden Chemie-Experimente ausgerechnet an einem Tag wie heute machen, wo man nicht lüften kann, weil draußen die Herbststürme toben?

Holmes: Ach so, das. Nun, die kriminologische Wissenschaft kennt keine Jahreszeiten. Aber trösten Sie sich, Watson, ich bin gerade fertig geworden und kann Sie erlösen. Wenn Sie nichts dagegen haben, mache ich eben mal kurz auf.

(Der Wind heult und der Regen prasselt.)

Watson: Holmes, um Himmels willen, machen Sie schnell wieder zu!

(Fenster wird zugeschlagen.)

Holmes: Ihnen kann man es aber auch gar nicht recht machen – na, wenigstens sind die gröbsten Gerüche jetzt verflogen. Vielleicht tragen Geigenklänge dazu bei, die Atmosphäre noch etwas zu verbessern?

Watson: Bloß nicht, Holmes, bloß nicht!

(Sherlock Holmes lässt sich dadurch nicht stören und kratzt unerschütterlich auf der Geige herum.)

Holmes: Seit dem traurigen Ableben des verblichenen Moriarty ist es in London öde geworden, öde und langweilig. Die Verbrecher haben einfach keine Phantasie mehr. Wenn das so weitergeht …

(Sherlock Holmes fiedelt gnadenlos weiter vor sich hin.)

Watson: Wenn das so weitergeht, werde *ich* noch zum Verbrecher! Holmes!!! Ist denn gar kein interessanter Fall in Sicht?

(*Das Geigenspiel bricht abrupt ab.)*

Holmes: Watson! Sie scheinen über geradezu magische Fähigkeiten zu verfügen! Vielleicht hätten Sie Ihre Drohung schon zwei, drei Tage früher ausstoßen sollen – hören Sie nur:

(Gerumpel und entfernte Schritte, die sich langsam nähern.)

Holmes: Etwas kommt da offenbar die Treppe herauf, wahrscheinlich ein Fall. Ob ein interessanter, muss sich erst noch zeigen.

(Die Geräusche werden immer lauter, es klopft mehrfach.)

Holmes: Herein, Mrs. Hudson! Was bringen Sie uns da?

Hudson: Dieser Herr hier bringt Ihnen eine Lieferung, Sir – eine große Lieferung!

(Schwere Gegenstände werden abgestellt, ein leises Klirren ist dabei zu hören.)

Watson: Haben Sie etwas bestellt, Holmes? Doch hoffentlich keine Chemikalien?
Hudson: Und ein Brief dazu, Mr. Holmes, hier bitte.
Holmes: Ah ja.

(Papier reißt, ein letztes Stoßen und Klappern.)

Lieferant: Hier bitte, Sir, zwei dutzend Kisten. Wenn Sie so freundlich wären und hier quittieren würden …
Holmes: Erledigen Sie das, Watson. Sehr interessant – ich würde sogar sagen, faszinierend.
Lieferant: Danke, Sir, ich darf mich dann verabschieden, guten Abend noch.

(Die schweren Schritte entfernen sich schnell.)

Hudson: Ebenfalls guten Abend, die Herren.
Holmes: Warten Sie noch, Mrs. Hudson, einen Moment! Watson, wir sind gerettet. Passen Sie auf, Mrs. Hudson: Ich würde mich freuen, wenn Sie uns heute Abend etwas Besonderes servieren könnten; ich denke da an Fasan mit Trüffeln, Gänseleberpastete und etwas feines Gebäck. Um Getränke brauchen Sie sich nicht zu kümmern, für den Wein sorge ich selber.
Hudson: Ich werde sehen, was sich machen lässt, Mr. Holmes. Bis später.

(Tür wird geschlossen.)

2. Szene

Watson: Was hat das zu bedeuten, Holmes? Gibt es etwas zu feiern?

Holmes: Erraten, Watson. Ein neuer Fall tut sich auf, noch dazu ein ungewöhnlich erfreulicher, wenn auch vielleicht nicht sonderlich aufregender.

Watson: Habe ich denn in den Zeitungen etwas übersehen, Holmes?

Holmes: Keineswegs, mein lieber Watson. Die Sache ist, wie gesagt, für die Zeitungen bei weitem nicht aufregend genug, aber für uns desto unterhaltsamer.

Watson: Aha, und wie darf man das verstehen?

Holmes: Ich glaube, die Talsohle ist durchschritten, Watson, es geht wieder bergauf. Das muss in der Tat gefeiert werden, und ich hoffe sehr, dass unsere Mrs. Hudson etwas gutes zustande bringt. Lassen Sie uns bis dahin noch eine kleine Pfeife rauchen, oder zwei.

Watson: Oh, ich fürchte, bei dem schauderhaften Wetter der letzten Tage bin ich nicht dazu gekommen, runter zu Bradley's zu gehen und meine Tabakvorräte aufzufüllen.

Holmes: Kein Problem, bedienen Sie sich ruhig dort in meinem persischen Pantoffel.

Watson: Der ist ja leer – das habe ich ja noch nie erlebt!

Holmes: Pardon, Watson, ich vergaß ihn zu füllen. Aber

das hole ich gleich nach. Im übrigen hatte Mrs. Hudson völlig recht, als sie den stinkenden alten Pantoffel letzte Woche auf den Müll gab.

Watson: Und Sie haben ihn vor der Vernichtung gerettet, Holmes, da Ihnen kein besserer Aufbewahrungsort für Ihren Tabak einfiel?

Holmes: Sie setzen mich immer wieder in Erstaunen, Watson!

Watson: Ich bilde mir ein, wenigstens ein bisschen von Ihren Methoden gelernt zu haben, Holmes.

Holmes: Schon möglich, Watson, aber jedenfalls nicht in Bezug auf genaue Beobachtung. Sonst hätten Sie längst festgestellt, dass dies hier der andere Pantoffel ist. Der alte war doch ganz zerschlissen!

Watson: *(irritiert)* Der andere Pantoffel? Ist der etwa neu?

Holmes: Ja glauben Sie denn, Watson, ich hätte damals nur einen Pantoffel gekauft? Jeder vernünftige Mensch kauft sein Schuhwerk paarweise.

Watson: *(trocken)* Nicht, wenn er ein Holzbein hat. Aber dann ist dies …?

Holmes: Richtig, Watson! Dies ist der andere, der, welcher jahrelang in der Abstellkammer sein Dasein fristete und sich nun als unser neuer Tabakspender nützlich macht.

(Streichhölzer werden entzündet, es wird kräftig inhaliert.)

Watson: Schön, Holmes. Aber nun sagen Sie mir doch endlich, was es mit diesem neuen Fall auf sich hat.

Holmes: Morgen, Watson, morgen. Heute brauche ich noch ihr kompetentes Urteil, und zwar völlig unvoreingenommen. Daher möchte ich Sie keinesfalls mit bestimmten Details beeinflussen und bitte Sie, sich noch zu gedulden.

Watson: Na gut, wenn es denn sein muss und der Wahrheitsfindung dient.

Holmes: Das tut es allerdings. Sie sollen absolut vorurteilsfrei an die Sache herangehen, und das können Sie am besten, wenn Sie nicht wissen, worum es sich handelt. Aber, mein lieber Watson, Sie können mir schon mal bei den Vorbereitungen für meine Untersuchungen helfen.

Watson: Immer zu Diensten, Holmes.

Holmes: Öffnen wir zunächst diese Kisten.

(Holz splittert, dazu leichtes Scheppern).

Watson: Puh, eine ganze Menge. Wer schickt Ihnen denn so viele Flaschen? Sind das Weinflaschen? Sieht so aus, aber keine Etiketten.

Holmes: Seltsam, Watson, nicht wahr? Und nun lassen Sie uns aus jeder Kiste eine Flasche öffnen und eine Probe davon in die Reagenzgläser dort drüben schütten. *(Es werden Korken gezogen, etwas Flüssigkeit gluckert.)*

Watson: Fertig, Holmes?

Holmes: Fertig, nun kann ich mit meinen Forschungen beginnen. Aber zunächst wäre es wohl an der Zeit für eine kleine Stärkung. Inzwischen könnte Mrs. Hudson mit dem Abendessen soweit sein.

Watson: Ich hätte nichts dagegen. Wenn sie heute so pünktlich servieren darf wie sonst nur selten, dann müsste es gleich soweit sein.

(Glockenläuten, Türöffnen, erneutes Glockenläuten)

Hudson: Dinner ist bereit, meine Herren!

Holmes: Wie ich sehe, haben Sie das fast Unmögliche wahr gemacht und alles besorgt, was ich Ihnen aufgetragen hatte.

Watson: Hm! Und wie das duftet! Da läuft einem ja das Wasser im Munde zusammen …

Hudson: Vielen Dank, Sir. Ich habe mich wie stets bemüht, den Anforderungen gerecht zu werden. Bitte lassen Sie es sich schmecken!

Holmes: Danke sehr, Mrs. Hudson. Guten Appetit, Watson.

Watson: Guten Appetit, Holmes.

Holmes: Zur Gänseleberpastete vielleicht ein kleines Schlückchen Wein gefällig?

3. Szene

Holmes: Köstlich, diese Mahlzeit, geradezu exzellent. Wie fanden Sie sie, Watson?

Watson: Ich würde sogar sagen: superb. Mrs. Hudson hat sich selber übertroffen! Leider geben Sie ihr viel zu selten Gelegenheit, das zu tun, mein lieber Holmes.

Holmes: Tut mir leid, wenn Sie unter meinen spartanischen Lebensgewohnheiten leiden müssen, lieber Watson. Ich hoffe, ein gelegentliches opulentes Mahl entschädigt Sie dafür.

Watson: Darauf stoßen wir an! Prost, Holmes!

Holmes: Prost, Watson!

(Gläserklirren)

Holmes: Also, der Fasan zerging förmlich auf der Zunge. Und was halten Sie von diesem Wein?

Watson: Exquisit, ohne Frage, exquisit.

Holmes: Etwas genauer, Watson, wenn ich bitten darf, etwas genauer! Wonach riecht er, wonach schmeckt er?

Watson: Hm ... *(schnuppert und schlürft)* ... Ich würde sagen ... ein feiner Ton von Safran steigt mir in die Nase ... und das Aroma in meiner Kehle ...

Holmes: Ja, Watson?

Watson: ... ein Hauch von Akazienhonig, meine ich. Wunderbarer Abgang!

Holmes: Hervorragend, Watson, wirklich hervorragend. Nehmen Sie doch noch etwas von dem Gebäck. Ich finde, dieser Wein passt ganz ausgezeichnet dazu.
Watson: Angenehm süß, ohne aufdringlich – hicks – zu sein. Pardon.
Holmes: Genau. Geben Sie mir doch bitte mal den Korkenzieher.
Watson: Den Korkenzieher?
Holmes: Er liegt genau vor Ihrer Nase, Watson.
Watson: Tatsächlich! Hier bitte, Holmes.

(ploppender Korken)

Watson: Ist das schon die zwitte oder dreite Flasche, Holmes?
Holmes. Die vierte, Watson, erst die vierte. Ich denke, wir sollten jetzt eine kleine Weinprobe veranstalten, nicht wahr?
Watson: Das tun wir doch schon die ganze Zeit.

(ploppender Korken)

Holmes. Jetzt probiere den mal, alter Freund. Langsam, Watson, langsam. Und nun diesen hier.
Watson: *(schmatzt)* Holmes, woher kommt auf einmal dein Zwilling?
Holmes: Welcher mundet dir mehr, Watson?
Watson: Einer besser als der andere, lass mich noch mal probieren. *(schmatzt)* Hm, ich kann eigentlich keinen Unterschied feststellen. Sind das tatsächlich unterschiedliche Weine, Holmes?
Holmes: Wo ist meine Geige, lieber Watson? Ah, da ist sie ja. *(spielt Wiener Walzer)*
Watson: Holmes, so ausgelassen habe ich schie – dich – ja noch nie erlebt!

Holmes: *(spielt lauter und plappert dabei vor sich hin)* Die Wiener Klassik, Watson, die Wiener Klassik. Einfach klassisch, diese Klassik. Strauss auf einer Stradivari! Jawohl. *(verhaspelt sich auf der Geige, summt)*

Holmes: Wiener Blut, Wiener Blut … Man stelle sich nur vor, man stelle sich nur vor, wenn Strauss das absolute Gehör gehabt hätte, wie Beethoven!

Watson: Beethoven war glaube ich taub, Holmes. Prost!

Holmes: Sei nicht so pedantisch, Watson. Auf dein Wohl!

Watson: À la votre!

Holmes: Santé!

Watson: Damals in Maiwand …

Holmes: Wie viele intelligente Detektive von Scotland Yard können in einem Hansom Platz nehmen, Watson? Was meinst du?

Watson: Damals in Maiwand …

Holmes: Alle natürlich, Watson! *(kichernd)* Alle!

Watson: Upps!

Holmes: Darauf trinken wir einen Schluck.

Watson: Damals in Maiwand …

Holmes: … hättest du den mörderischen Afghanis eine Rondo alla Gurkha geigen sollen! Haha! Eine Rondo alla Gurkha!

Watson: *(bleiern)* Ich glaube, ich gehe zu Bett, Holmes.

Holmes: Schon genug, Watson?

Watson: *(schnarcht)*

Holmes: Gute Nacht, Watson! *(kichert)* Meine Forschungen haben erst begonnen – *(leiser)* da war doch irgendwo noch eine Flasche …

(lautes Schnarchen)

4. Szene

(Uhr tickt. Regen plätschert)

Watson: *(stöhnt)*

Holmes: Guten Morgen, Watson. Ich dachte schon, Sie würden überhaupt nicht mehr erscheinen. Ich hoffe, Sie hatten eine angenehme Nachtruhe.

Watson: Danke, mein Bester. Heute Nacht hat mich im Traum die Riesenratte von Sumatra verfolgt. Ich habe immer noch einen Brummschädel.

Holmes: Würden Sie mir bitte mal das Lexikon aus dem Regal dort reichen? Ja, dieser Lederband dort muss es sein. Ich benötige den Buchstaben Ypsilon.

Watson: Hier bitte, Holmes. Was, bitte, wollen Sie denn in aller Herrgottsfrühe mit dem Lexikon?

Holmes: Weniger in aller Herrgottsfrühe als vielmehr am helllichten Tag – es ist fast Mittag, Zeit fürs Frühstück. Yquem, Yquem, Yquem … ah, da haben wir's ja: 1593 von Jacques de Sauvage als Weingut gegründet. Überstand die französische Revolution nahezu unbeschadet. Einziger Premier Cru Supérieur von Bordeaux.

(Seiten werden rasch umgeblättert.)

Holmes: Und hier: Château des Ganfards. Seit 1870 in Familieneigentum. 24 Hektar Grund. Na, viele

Angaben sind das nicht; aber ich denke, der Fall ist gelöst.

Watson: Welcher Fall, Holmes?

Holmes: Natürlich der Fall des unetikettierten Weines.

Watson: Natürlich. Ginge es vielleicht etwas ausführlicher?

Holmes: Aber gerne doch. Sie konnten gestern keinen Unterschied zwischen den Weinen erkennen, Watson, aber es gibt einen. Meine Experimente haben ganz eindeutig ergeben, dass es sich um zwei verschiedene Weine handelt – mein Gaumen hat mir das übrigens auch bestätigt. Da wäre zunächst der Yquem, ein Spitzengewächs und einer der teuersten Tropfen der Welt. Und dann, zum verwechseln ähnlich, ein unbekannter Monbazillac aus dem Hause Ganfard.

Watson: Wer hat denn so eine Untersuchung in Auftrag gegeben, Holmes?

Holmes: Der gewissenhafte Kellermeister eines unserer feinsten Restaurants. Sämtliche Flaschen waren ihm unetikettiert geliefert worden. Ein Versehen, hieß es, die Etiketten würden sofort nachgeliefert. Natürlich ist es kein Problem, Etiketten zu fälschen – ich nehme an, jemand wollte sich eine goldene Nase verdienen, indem er billigen Wein unter falschem Etikett sündhaft teuer verkaufte. Zunächst hatte ich allerdings den Verdacht, dass der Wein gepanscht sein könnte. Wie Sie vielleicht schon gehört haben, Watson, gaben schon die alten Griechen und Römer dem Wein Honig oder Myrtenbeeren bei. Nur dem gewissenhaften Kellermeister (und natürlich mir) ist es zu verdanken, dass jetzt tatsächlich der echte Yquem auf den Tisch kommt. Obwohl es selbst einem Gourmet kaum aufgefallen wäre, wenn statt des Yquem ein Monbazillac serviert worden wäre!

Watson: Und wer könnte dieser ominöse Jemand sein, der sich da – wie Sie so treffend sagen – eine goldene Nase verdienen wollte? Ich könnte mir da eigentlich nur den Weinhändler vorstellen.

Holmes: Exakt, Watson, der Weinhändler. Da liegen Sie völlig richtig.

Watson: Wie bitte? Ich höre wohl nicht recht! Ich irre mich diesmal nicht, wirklich nicht?

Holmes: In der Tat, mein lieber Freund. Ihr Scharfsinn ist heute überwältigend Es kommt ja schließlich auch sonst niemand in Frage.

Watson: Könnte nicht vielleicht jemand auf dem Transportweg die Flaschen vertauscht haben?

Holmes: Kaum. Der Wein wurde mit Etikett bestellt, aber ohne geliefert. So edler Wein ist ohne Etiketten kaum zu verkaufen, das setzt eine gut etablierte Handelsbeziehung voraus – ein Vertrauensverhältnis zwischen Käufer und Verkäufer, das hier schmählich ausgenutzt und untergraben wurde.

Watson: Genial, Holmes!

Holmes: Bitte verzeihen Sie, mein Freund, dass ich Ihnen gestern im wahrsten Sinne des Worten keinen reinen Wein eingeschenkt habe. Aber, wie gesagt, ich brauchte Ihr unbefangenes Urteil, da ich leider voreingenommen war.

Watson: Voreingenommen? Sie, Holmes, sind doch sonst die Objektivität in Person!

Holmes: Danke, Watson, zuviel der Ehre. Aber als ich den Namen des Weinhändlers erfuhr, keimte in mir sofort ein Verdacht auf. Ich kannte diesen Namen nämlich bereits zu gut. Habe ich Ihnen je von Vamberry erzählt? Wenn nicht, dann hole ich es jetzt …

Watson: Dem Weinhändler? Aber sicher doch! Das war vor meiner Zeit, nicht wahr? Sie wohnten damals in der Montague Street, glaube ich.

Holmes: *(konsterniert)* Woher wissen Sie denn das?

Watson: Sie haben es erwähnt, als Sie mir die Sache mit dem Ritual der Familie Musgrave erzählt haben.

Holmes: Habe ich das? Und warum haben Sie über den Fall Vamberry dann nicht berichtet?

Watson: Nun ja, Holmes, er schien mir nicht – dramatisch genug.

Holmes: Dramatisch, Watson? Dieser Fall war von bestechender Logik!

Watson: Eben.

Holmes: Lassen wir das, Watson. Offenbar sind wir grundsätzlich verschiedener Meinung, was Ihre Schilderungen meiner Fälle angeht. Wie auch immer, Vamberry, der sich zweifellos sicher wähnt, wird erneut für einige Zeit sein weiches Bett mit einer harten Pritsche tauschen müssen. Ich schreibe gleich einige Zeilen an Lestrade. Er soll sich diesen sauberen Herrn umgehend vorknöpfen!

Watson: Vielleicht auch gleich ein paar Zeilen an Mycroft, die englische Krone möge in dieser eminent wichtigen Angelegenheit umgehend die französische Regierung konsultieren. Hier sind noch einige Flaschen übrig, Holmes, bisher ungeöffnet.

(ploppender Korken)

Holmes: Jetzt nicht mehr, Watson. Eigentlich ist es mir egal, ob ich Yquem oder Monbazillac trinke; beide sind vorzüglich und passen hervorragend zur restlichen Gänseleberpastete.

Watson: Dann zum Wohle, Holmes!

Holmes: Zum Wohle, Watson!

(Die Gläser klirren. Regen rauscht.)

Holmes: „Welch' Wassermassen sich vom Himmel ergießen …"

Watson: Die Bibel, nicht wahr, Holmes? Johannes 2, wenn ich mich nicht sehr täusche.

Holmes: Ich kann es nicht oft genug sagen, Sie haben erstaunliche Talente, Watson.

Watson: Übrigens irren Sie in einem klitzekleinen Punkt. Nicht nur Ihrem unbesiegbaren Verstand und dem gewissenhaften Kellermeister, sondern auch der Nachlässigkeit dieses Schurken Vamberry ist es zu verdanken, dass die Sache aufflog. Hätte er den Wein nicht ohne, sondern mit gefälschten Etiketten ins Restaurant geliefert, wäre der Betrug wohl nie ans Licht gekommen.

Holmes: Es sei denn, ich hätte zufällig gerade dort gespeist. Wie dem auch sei, so kamen wir gratis zu diesem edlen Tropfen.

(Wein gluckert, Gläser klirren)

Watson: Gießen Sie ruhig noch einmal ein, Holmes. Eigentlich kann ein Weinhändler doch wohl kaum so dumm sein: Wie Sie selbst sagen, sind Etiketten sehr leicht zu fälschen. Daher scheint mir fast, sie wurden doch erst beim Transport abgelöst, vielleicht vom Kutscher des Fuhrunternehmens.

(Glas fällt splitternd zu Boden, offenbar hat Holmes es fallen lassen.)

(Pause)

Watson: Andererseits wäre diese Lösung gewiss zu banal, nicht wahr, Holmes?

Holmes: *(hörbar erleichtert)* Freilich, Watson, da haben Sie völlig recht.

(ploppender Korken)

Watson: Zumindest hat uns diese Affäre auf selten angenehme Weise die Langeweile vertrieben. Nicht zuletzt Ihnen, mein bester Holmes.

(ploppender Korken)

Holmes: „Wein macht munter geistreichen Mann. Weihrauch ohne Feuer man nicht riechen kann." Unser Goethe trifft immer den richtigen Ton, nicht wahr?

(Gläser klirren)

Ende

Sherlock Holmes lässt tief blicken

Aus den Erinnerungen von Stanley Hopkins, Inspektor a. D.

It is not what we know, but what we can prove.
(Sherlock Holmes in „The Hound of the Baskervilles“)

Die Polizei ist einmal mehr ratlos: Zwar gelingt es, einen dreisten Diamanten-Diebstahl aufzuklären – aber was tut man, wenn der Dieb (beziehungsweise die Diebin) unter diplomatischer Immunität steht? Ohne Beweise keine Verhaftung! Da ist wieder einmal Sherlock Holmes die letzte Rettung für einen gestressten Scotland-Yard-Inspektor ... Diesmal stellt der Welt erster und einziger Detektivberater mehr als bloß Scharfsinn unter Beweis, sondern vor allem seine profunden Kenntnisse moderner wissenschaftlicher Techniken.

Es ist merkwürdig, wie viel Zeit man in den Schützengräben zum Nachdenken und Schreiben hat. Die endlosen Stunden zwischen Angriff und Gegenangriff sind fast schlimmer als der oft tödlich endende Kampf ums Leben; und die Erinnerung an meine Familie (oder das, was noch davon übrig ist) trösten mich nicht, sondern machen mich fast vollends wahnsinnig. Alles, was mich von dieser Gegenwart ablenkt, ist mir willkommen! Obwohl ich nicht die geringste Ahnung habe, ob in zwanzig Sekunden mein Kopf noch auf den Schultern sitzen mag, bin ich in Gedanken zwanzig Jahre in der Vergangenheit, bei meinem ersten wirklich bedeutenden Kriminalfall und bei dem weltberühmten, aber exzentrischen Detektiv, der eine Zeit lang mein Mentor werden sollte: Sherlock Holmes.

Da kaum fünfhundert Meter vor uns die Hunnen – arme Teufel, die ebenso im Dreck sitzen wie wir – ihre Schützengräben ausgehoben haben, gibt es für uns Engländer nun keinen Grund mehr, auf das verfluchte deutsche Kaiserreich diplomatische Rücksicht zu nehmen. Vielleicht wäre alles anders gekommen, wenn der ebenso törichte wie eitle Kaiser Wilhelm nicht ausgerechnet der Enkel von Königin Viktoria gewesen wäre – ach, wenn die alte Dame wüsste, was „ihr Junge" für einen Schlamassel angerichtet hat, sie würde sich im Grabe herumdrehen! Aber damals mussten wir alles mit Samthandschuhen anfassen, was irgendwie mit dem Haus Sachsen-Coburg-Gotha in Verbindung stand, und sei es auch nur um drei Ecken herum.

Aber ich sollte wohl besser, wie Mr. Holmes sagen würde, mit dem Anfang beginnen:

1894 hatte ich als junger Mann meinen Dienst bei Scotland Yard angetreten (das war kurz nach Holmes' spektakulärer Rückkehr). Ich war nun schon über ein Jahr im Dienst, wurde aber vorwiegend mit solchen Fällen betraut, mit denen sich sonst keiner meiner werten Kollegen befassen mochte. Sei es, dass sie zu einfach und banal schienen, oder sei es, dass sie als zu schwierig bis unlösbar galten; so oder so boten sie kaum Aussicht auf Ruhm und Beförderung. Im Rückblick kann ich die herablassende Behandlung seitens der altgedienten Inspektoren natürlich verstehen, wenn auch nicht verzeihen: Sie hatten sich Jahre, gar Jahrzehnte die Hacken abgelaufen in einem schlecht angesehenen, dabei nicht ungefährlichen Beruf, der als eines Gentlemans unwürdig galt und in den sie ohne nennenswerte Ausbildung einfach hineingeworfen worden waren; dafür ernteten sie wenig Geld, selten Lob und häufig Kritik, mühten sich vergeblich ab – und dann stand da auf einmal ein junger Spund frisch von der Polizeischule, relativ gut vorbereitet und trainiert, mit sehr viel besseren Startchancen, als ihnen jemals geboten worden waren. Es ist also wenig verwunderlich, dass ich bei der „alten Garde" seinerzeit alles andere als beliebt war. (Damals verstand ich natürlich noch nicht, dass sie einfach nur neidisch auf mich waren, auf meine Jugend, meine Ausbildung, meine Ambitionen und vor allem meine Aussichten auf eine gute Karriere.)

Dass ich einige der problematischeren Fälle mit Hilfe von Mr. Holmes gelöst hatte – Dr. Watson hat mehrfach darüber berichtet[1] – trug natürlich nur noch mehr zur Missgunst meiner Kollegen bei. Inspektor Peter Athelney Jones trug ein fast schon hämisch zu nennendes Grinsen zur Schau, als er mich in jenem Sommer vor zwanzig Jahren[2] ansprach: „Ach, Hopkins, ich komme gerade vom Superintendent – habe hier einen Fall für Sie, der genau Ihre Kragenweite ist. Etwas heikel, ja, aber völlig klar. Sie müssen nur noch die Beweise sichern und die Verhaftung vornehmen." Er gab mir einen Stapel Akten (das war damals schon der Fluch der Polizeiarbeit) und fügte noch süffisant hinzu: „Sie sollten vorher jedoch noch mit Mr. Holmes sprechen. Ich habe mir erlaubt, Sie bereits anzukündigen."

Mein ursprünglich wenig begeisterter Gesichtsausdruck erhellte sich schlagartig, als ich antwortete: „Nun, dann mache ich mich wohl am besten auf den Weg in die Baker Street." Darauf hatte Jones aber nur gewartet: „Ach nein, Hopkins, nicht dieser Holmes. Sie müssen doch auch mal lernen, eigenständige Erfolge zu erzie-

---

1 Es handelt sich um die Fälle „Der goldene Kneifer" und „Der Schwarze Peter". Später sollte noch der Fall „Abbey Grange" folgen; darin heißt es, Hopkins habe Holmes schon sieben mal zu Hilfe gerufen. Erwähnt wird Hopkins außerdem im Abenteuer um den verschwundenen Rugby-Spieler. Selbst wenn man dieses Abenteuer mitzählt, gäbe es also noch mindestens vier bisher unbekannte Fälle. Dies scheint einer davon zu sein.

2 Das muss das Jahr 1896 gewesen, und Hopkins war also schon fast zwei Jahre beim Yard. Es ist daher merkwürdig, dass er dies als „seinen ersten wirklich bedeutenden Fall" bezeichnet. Vermutlich meint er damit die politische Brisanz des folgenden Problems, die ihn erstmals auch in Regierungskreisen bekannt machte.

len, so wie Gregson, Lestrade und ich! Es ist vielmehr sein Bruder, der Sie im Diogenes Club erwartet."

So kam es also, dass ich erstmals Mr. Mycroft Holmes kennen lernte, der damals wie heute für die Regierung arbeitet, ja sie manchmal gar inoffiziell vertritt. Was er mir zu sagen hatte, machte mich (wie ich leider gestehen muss) rat- und mutlos. Und trotz P. A. Jones' diebischer Schadenfreude wusste ich mir nicht anders zu helfen, als kurz danach doch an dem Haus in der Baker Street 221B zu läuten.

***

Präzise gesagt, wollte ich gerade klingeln, als sich die Tür öffnete und ein älterer, aber immer noch sehr drahtiger kleiner Mann mit einem mir wohlbekannten Rattengesicht heraustrat: Das war natürlich Inspektor Lestrade, einer der ältesten und erfahrensten Kollegen im Yard. Wir beäugten uns ebenso überrascht wie peinlich berührt, denn natürlich mochte niemand gerne zugeben, dass wir manchmal nicht weiter wussten und einen externen Berater hinzuzogen. Daher murmelten wir beide nur einen flüchtigen Gruß, und Lestrade eilte davon, während ich hinter Mrs. Hudson, die mich angemeldet hatte, die siebzehn Stufen in den Olymp (oder das Waterloo) sämtlicher Londoner Detektive hinaufstieg.

Ich war damals erst zwei- oder dreimal – und dann stets nur kurz – in dem schon legendären Wohnzimmer gewesen[3], aber es erschien mir so vertraut, als ob ich

---

3 Hier scheint sein Gedächtnis Hopkins zu trügen, denn im Fall des „goldenen Kneifers" von 1894 war er mit Holmes und Watson bereits gut bekannt; daher ist es kein Wunder, dass ihm der Raum 1896 so vertraut vorkam. Die Stress-Situation, in der dieser Bericht niedergeschrieben wurde, erklärt sicherlich den Irrtum.

selbst dort leben würde: Ein luftiger Raum mit zwei großen Fenstern, welche die dunkel gebeizten Möbel erhellen und eine Unmenge Krimskrams erkennen lassen, auf Tischen, Tischchen, Regalen und Vitrinen. Der gemütliche Kamin, flankiert von drei bequemen Sesseln, beherrscht das ganze Zimmer – und in einem dieser Sessel, mit durchdringendem Blick, sitzt wie ein schlafender Raubvogel Mr. Sherlock Holmes, der mich mit einer lässigen Handbewegung zu dem Besucherstuhl am Fenster dirigiert. Fast unbemerkt und etwas im Hintergrund ruht ein freundlicher Mann mittleren Alters, der mich mit einem Kopfnicken begrüßt, während er schon Schreibpapier und Bleistift zur Hand nimmt: Das ist natürlich der unvermeidliche Dr. Watson.

„Heute gibt sich Scotland Yard ja bei uns die Klinke in die Hand, was Watson?"

„In der Tat. Ihr Kollege schien bereits einigermaßen ratlos, aber Sie sehen aus, als ob Sie in ziemlicher Verlegenheit seien, junger Mann."

Holmes wandte sich abrupt mir zu:

„Gestern befürchtete ich noch, es könnte eine jener langweiligen Sommerwochen werden, die man ‚Saure-Gurken-Zeit' nennt; aber auf einmal häufen sich die Fälle. Ich schlage daher vor, dass Sie ohne lange Vorrede gleich zur Sache kommen, Mr. Hopkins. Womit kann ich Ihnen helfen?"

„Entschuldigen Sie, Sir, aber ich bin in ziemlicher Hast hierher geeilt und noch etwas durcheinander. Um Ihnen mein Problem in der geordneten Weise zu schildern, die Sie zu recht von mir erwarten, gewähren Sie mir bitte eine Minute, um meine Gedanken zu ordnen. Vielleicht wären Sie so freundlich, mir zwischenzeitlich kurz zu schildern, was mein berühmter Kollege Lestrade bei Ihnen wollte? Sie verstehen, morgen wird es beim Yard ohnehin Tagesgespräch sein, aber für einen Neuling wie mich ist es mitunter schwer, alles mitzubekommen."

„Das kann ich mir vorstellen. Scotland Yard ist groß und die Konkurrenz noch größer. Nun, da es morgen sowieso in den Zeitungen stehen wird und Sie schon von Berufs wegen über alle bedeutenden Verbrechen auf dem laufenden bleiben sollten, sehe ich keinen Grund, der dagegen spricht, Sie einzuweihen, soweit es die Ausgangssituation des Falls betrifft. Meine Überlegungen und Befunde dazu bespreche ich selbstverständlich nur mit Mr. Lestrade, ist er es doch, der sich an mich um Rat gewandt hat. Ich glaube, Dr. Watson kann Ihre professionelle Neugier am besten befriedigen."

„Gerne, Holmes. Ich habe hier ja noch meine Notizen; da steht kurz und knapp: Gestern Abend Einbruch bei Lord Castlepool in Knightsbridge. Nichts gestohlen, da Dieb vom Butler überrascht u. gemeinsam mit Neffen von Lord C. verfolgt. Konnte jedoch entkommen. Polizei hat drei Verdächtige verhaftet u. verhört, ohne Ergebnis."

„Dann hat Kollege Lestrade also drei mögliche Täter und muss nur noch herausfinden, wer der Schuldige ist? Der Glückliche! Ich wünschte, mein Problem wäre auch so einfach."

„Dann verraten Sie uns doch endlich, worin Ihr kleines Problem besteht. Keine Spuren? Zu viele oder gar keine Verdächtigen? Erzählen Sie bitte alles genau von Anfang an!"

Ich hatte mich inzwischen gesammelt und konnte, zu Holmes' und Watsons Überraschung, eine recht kecke Antwort geben:

„Auch ich habe es mit einem, allerdings unerhört dreisten, Diebstahl zu tun. Der Fall ist völlig klar, der Täter – oder richtiger die Täterin – steht eindeutig fest. Ich müsste sie nur noch verhaften."

„Und was hindert Sie daran? Was führt Sie zu mir, wenn bereits alles klar ist?“

„Die Beweise, Sir, die Beweise – beziehungsweise der Mangel daran. Ohne sie kann und darf ich nichts unternehmen.“

„Hm! Das sieht Mycroft wieder ähnlich! Die praktische Arbeit überlässt er lieber anderen.“

„Woher wissen Sie, dass ich bei Ihrem Bruder war, Mr. Holmes? Trage ich etwa ein Schild mit der Aufschrift ‚Diogenes Club‘ um den Hals?“

Sherlock Holmes schmunzelte auf eine Art, die ich schon des öfteren an ihm bemerkt hatte und noch mehrfach zu Gesicht bekommen sollte.

„Gewissermaßen, junger Mann, gewissermaßen. Zunächst ist es vielleicht kein Zufall, dass die Uhr gerade halb sechs geschlagen hat. Seit viertel vor fünf befindet sich mein Bruder im Club, und wenn Sie von der Unterredung mit ihm so schnell hierher geeilt sind, dass Sie dabei ganz außer Atem kamen, dann wäre das jetzt genau um diese Uhrzeit.“

„Schon,“ warf Dr. Watson ein. „Aber das allein ist doch wohl kein Indiz!“

„Natürlich nicht, mein Lieber. Sehen Sie denn nicht den rötlichen Ziegelstaub auf der rechten Schulter unseres jungen Freundes? Nun, wie ich letzte Woche zufällig gesehen habe, wird am Diogenes Club gerade das Dach repariert. Die fragliche Stelle befindet sich unmittelbar rechts vom Eingang, so dass jeder Besucher es kaum vermeiden kann, ein paar Staubkörnchen abzubekommen. Daher schien mir die Annahme zumindest wahrscheinlich, wenn schon nicht ganz sicher.“

„Aber dann wäre doch, wenn man wieder herauskommt, sicherlich die andere Seite betroffen! Links kann ich jedoch nichts erkennen.“

„Eben, Watson! Als Hopkins den Club kurz vor fünf Uhr betrat, da haben die Handwerker ja noch gearbeitet – aber als er später wieder herauskam, da hatten sie schon Feierabend. Fahren Sie bitte fort, Mr. Hopkins; oder vielmehr, fangen Sie endlich an. Wenn Mycroft Sie zu mir geschickt hat, dann kann es sich kaum um eine solche Lappalie halten, wie es auf den ersten Blick scheint."

Ich hielt es nicht für klug, ihm zu sagen, dass Mr. Mycroft Holmes mich keineswegs zu ihm geschickt hatte, sondern die ganze Sache am liebsten auf sich beruhen lassen – um nicht zu sagen, unter den Tisch kehren – wollte. Und ich war damals schon erfahren genug, um mir eine Bemerkung zu verkneifen, die mir fast herausgerutscht wäre: nämlich dass seine logische Schlussfolgerung wenig mehr als eine bessere Vermutung war. Doch wollte ich mir merken, wie wirkungsvoll es häufig sein kann, selbstsicher „auf den Busch zu klopfen".

„Gerne, Sir. Einem der jüdischen Juweliere in Hatton Garden ist ein Schmuckstück von beträchtlichem Wert entwendet worden, und zwar – wenn man seiner Aussage Glauben schenken darf – auf eine ungewöhnlich kühne, geradezu freche Art, nämlich direkt vor seinen Augen. Er hat gegen die einzige Person, die in diesem Moment bei ihm im Laden war, eine sehr reiche Kundin, Anzeige erstattet. Ich darf Sie bitten, meine Herren, den Namen, den ich Ihnen gleich nennen werde, auch gegenüber meinen Kollegen vom Yard für sich zu behalten, denn zur Zeit kennen ihn nur der Superintendent, Inspektor Jones, Ihr Bruder und ich. Es handelt sich um Fraulein Dita von Zuern."

„Etwa die ausländische Debütantin, die zu Gast bei ihrer Majestät war? Es steht einiges von ihr in den Gazetten. Völlig unmöglich!"

Es war Dr. Watson gewesen, der diesen Zwischenruf gemacht hatte. Mr. Holmes schien ungerührt, er fragte lediglich, während sich seine Augen in höchster Konzentration schlossen:

„Sind Sie denn absolut sicher, dass nur sie es gewesen sein kann?“

„Nur sie, Gentlemen, nur sie. Sie ließ sich eine ganze Reihe von Preziosen zeigen, schien aber, wie der erfahrene Verkäufer schnell merkte, gar nicht wirklich am Erwerb interessiert. Der Händler hatte den Eindruck, sie habe lediglich aus einer Laune heraus seinen Schmuck bewundern wollen; aber er fühlte sich natürlich geehrt, eine so vornehme Dame bedienen zu dürfen. Als er sich bückte, um eine weitere Schublade zu öffnen, da war auf einmal ein Diamantring verschwunden, der vor einer Sekunde noch da gewesen war. Und Miss Zuern blickte ihn nur lächelnd an.“

„Was geschah dann?“

„Dem Juwelier, Mr. Spink von Spink & Rosnell[4], verschlug es die Sprache. Die junge Dame verabschiedete sich kurz angebunden und spazierte seelenruhig hinaus. Als Mr. Spink wieder zur Besinnung kam, rannte er sofort hinter ihr her und wollte sie aufhalten. Ein Constable, der zufällig in der Nähe war, kam dazu, nahm die absurde Beschuldigung aber nicht ernst. Er hätte es ohnehin nicht gewagt, die Lady festzuhalten.“

---

4 Hier muss es sich entweder um eine Konfusion oder um eine jener bewussten Verschleierungen handeln, die auch die Berichte von Dr. Watson wie ein roter Faden durchziehen: Es existierten die Juweliere Hunt & Roskell (nicht Rosnell) sowie Spink & Sons, diese waren jedoch in der Bond Street angesiedelt. Dort hätte der deutsche Adel sicherlich am ehesten eingekauft, oder auch bei Alfred Dunhill ebenda. In Hatton Garden gab es zwar ebenfalls viele Juweliere, aber sie waren nicht ganz so luxuriös und *fashionable*.

„Wieviel ist der Stein wohl wert?“

„Mr. Spink meint, an die tausend Pfund. Er hat fast hundertachtzig Karat und ruht in einer kleinen Platin-Fassung, die wiederum auf einem Fingerring aus Gold sitzt.“

„Eine recht ungewöhnliche Kombination indischer und europäischer Mode. Ich nehme an, Sie haben versucht, des Schmuckstücks wieder habhaft zu werden? Warum hat man die Dame nicht einfach durchsucht?“

„Das hätten wir gerne getan, wenn nicht … haben Sie vielleicht schon einmal vom deutschen Fürstentum Rabeneichenwaldchen gehört?“

„Ich kenne das deutsche Wort ‚Rabe‘, aber unter einem ‚Neichenwaldchen‘ kann ich mir beim besten Willen nichts vorstellen.“

An dieser Stelle schaltete sich Dr. Watson in die Unterhaltung ein:

„Wohl eher ein Eichenwäldchen, mein Bester! Die Wortbildungsregeln im Deutschen erlauben nämlich die Bildung von Nominalkomposita durch …“

„Danke, Watson, ich weiß Ihre linguistischen Kenntnisse wohl zu schätzen. Zu Zeiten haben sie sich als äußerst nützlich erwiesen. Aber ich bin sicher, unser junger Inspektor hier kann uns alles mitteilen, was wir in diesem Fall über deutsche Adelshäuser und -häuschen wissen müssen.“

„In der Tat, Mr. Holmes. Die erwähnte junge Dame aus dem besagten Fürstentum ist, zwar nicht in gerader Linie, aber doch recht nah mit dem Geschlecht Sachsen-Coburg-Gotha verwandt. Nun stellen Sie sich vor: Eine ausländische Aristokratin, ausgerechnet eine Deutsche, welche gerade von einer Audienz mit der Königin kommt, in Polizeigewahrsam genommen und gegen ihren Willen einer Leibesvisitation unterzogen! Der Skandal alleine wäre schon schlimm genug, aber für den Enkel der Königin wäre das ein gefundenes Fressen."

„Den deutschen Kaiser Wilhelm?" warf Dr. Watson sein. „Was hat der denn damit zu tun? Der alte Tor hat wohl einen Narren an der unverschämten jungen Dame gefressen?"

„Keineswegs, Sir, der alte Narr, wie Sie ihn nennen, findet die Dame, die Sie zu recht als unverschämt bezeichnen, wohl genau so ungezogen wie jeder andere in ihrer Umgebung. Sie hat keinen guten Ruf bei allen, die das zweifelhafte Glück haben, sie näher zu kennen. Aber Mr. Holmes – der andere Mr. Holmes – meint, das würde den Kaiser nicht daran hindern, aus der Affäre Kapital schlagen zu wollen. Politik, Sie verstehen."

„Ich verstehe sehr wohl, Ihnen sind die Hände gebunden."

„In der Tat. Trotzdem können wir natürlich keine Missachtung des britischen Gesetzes dulden. Nachdem Mr. Spink formell Anzeige erstattet hatte, mussten wir etwas unternehmen: Wir schickten einen Sergeant ins Savoy Hotel, wo die Dame wohnt. Sie weigerte sich, ihn zu empfangen."

Holmes verharrte völlig reglos, den Kopf zurückgelegt, die Augen an die Decke gerichtet, die Fingerspitzen aneinandergelegt. Dr. Watson schüttelte nur stumm den Kopf. Ich fuhr fort:

„Nun, wie gesagt schien es uns am wichtigsten, einen Skandal zu vermeiden, der möglicherweise diplomatische Verwicklungen nach sich gezogen hätte. Daher setzten wir uns zunächst mit dem Außenministerium in Verbindung. Ein paar, äh, inoffizielle Mitarbeiter durchsuchten die Räume und das Gepäck der Dame in ihrer Abwesenheit. Nichts."

Nun konnte Dr. Watson nicht länger an sich halten:

„Das ist doch alles Unsinn, Inspektor! Woher wissen

Sie denn, ob dieser wertvolle Stein überhaupt existiert? Sie haben dazu doch nur die Aussage des Juweliers, und seine Geschichte erscheint mir reichlich weit hergeholt.“

„In der Tat erschien es uns zu riskant, eine deutsche Aristokratin, die noch dazu weitläufig mit dem Königshaus verwandt ist, nur aufgrund der Behauptung eines jüdischen Edelsteinhändlers zu verhaften. Aber ich habe den Fall nun mal ‚am Hals‘, Doktor, wie man so schön sagt.“

„Kein vernünftiger Dieb nimmt doch, quasi unter den Augen des rechtmäßigen Eigentümers, einen Diamantring an sich und geht einfach davon! So etwas tut man einfach nicht, schon weil man weiß, dass man damit niemals durchkommt.“

„Eben das weiß sie nicht genau, Watson,“ schaltete sich Holmes wieder ein. „Sie will es aber anscheinend wissen. Die impulsiven Launen einer Frau, noch dazu einer so jungen und wahrscheinlich verwöhnten, sind nun einmal unberechenbar. Vermutlich hält sie sich für unantastbar.“

„Sie meinen, sie versucht gerade ihre Grenzen zu testen?“

Erst in diesem Moment ergab das Geschehen für mich einen Sinn. Dr. Watson hatte die Sache auf den Punkt gebracht. Bisher hatte mir jegliches Motiv für das irrationale Verhalten von Miss Zuern gefehlt, und damit auch jegliche Begründung für eine polizeiliche Aktion.

„Sie halten die Aussage von Mr. Spink also für glaubwürdig, Mr. Holmes?“

„Welchen Grund hätte er zu lügen? Eine falsche Beschuldigung würde seine Existenz ruinieren, vor allem gegenüber einer so hoch stehenden jungen Dame. Haben Sie sonst noch etwas unternommen, um die Sache aufzuklären?“

„Nun, wir haben Kontakt zur Zofe von Miss Zuern aufgenommen. Sie erwies sich, sagen wir mal, finanziellen Zuwendungen gegenüber nicht abgeneigt. Im übrigen bedurfte es keiner großen Überredungskunst, denn das Fraulein ist beim gesamten Personal äußerst unbeliebt wegen ihrer Überheblichkeit. Auch die Zofe konnte das Schmuckstück nicht finden, aber von ihr wissen wir, dass Miss Zuern seit ihrem Besuch in Hatton Garden etwas um den Hals trägt, das sie vor allen Blicken verbirgt.“

„An einer sehr delikaten Stelle ihres Körper also? Im Dekolleté?“

„Vermutlich, aber aufgrund vager Vermutungen des illoyalen Personals kann ich unmöglich agieren. Ihr Bruder hat mir mehr oder weniger untersagt, zu drastischen Maßnahmen zu greifen, bevor ich nichts weiter in der Hand habe. Die Sache sähe natürlich völlig anders aus, wenn man ihr etwas nachweisen könnte – dann hätten wir eine Trumpfkarte in der Hand, und die junge Dame müsste ebenso klein beigeben wie ihr Kaiser.“

„Ich dachte mir schon, dass Mycroft eine solche Sache nicht links liegen lassen kann. Aus seiner Sicht wiegt die Bewahrung unserer äußert schwierigen diplomatischen Beziehungen mit dem Kaiserreich, das so unglücklich eng mit Ihrer Majestät verwandt ist, sicherlich schwerer als der Verlust irgendeines noch so wertvollen Edelsteins.“

Dr. Watson war empört. „Es kann doch wohl nicht angehen, dass Frechheit siegt? Wo kommen wir hin, wenn ausländische Aristokraten glauben dürfen, sie seien immun gegen das britische Gesetz?“

„In gewisser Weise ist sie das leider. Egal, wie offensichtlich der Fall liegt – ich kann erst etwas gegen sie unternehmen, wenn ich Beweise habe.“

Holmes paffte in einer Weise an seiner Pfeife, die ich als auf vergnügte Art nachdenklich bezeichnen möchte.

„Und Beweise bekommen Sie nur, indem Sie etwas unternehmen. Fürwahr, ein nettes kleines Dilemma. Und was erwarten Sie nun von mir, verehrter Inspektor? Soll ich die junge Dame etwa entführen und einer Leibesvisitation unterziehen? Da würden weder Dr. Watson noch Mrs. Hudson mitmachen, die doch sonst zu fast allen Schandtaten bereit sind, um mir zu helfen!“

„Ehrlich gesagt weiß ich nicht, wie Sie mir helfen könnten, Mr. Holmes. Ich bin mit meinem Latein am Ende, zumal die junge Diebin – das wissen wir von ihrer Zofe – übermorgen das Land verlässt und zurück auf den Kontinent fährt. Um 10 Uhr morgens nimmt sie den Zug von London nach Dover. Sobald sie dort erstmal abgelegt hat, ist sie dem Zugriff unserer Gerichtsbarkeit entzogen und wird sich zweifellos auch noch diebisch freuen. Ich hatte gehofft, dass Ihnen vielleicht doch noch etwas einfällt, wie man das verhindern kann.“

„Auf den ersten Blick ist Ihr Dilemma wirklich nicht zu lösen; aber ich habe gelernt, dass man sich nie auf den ersten Blick verlassen soll. Ich muss darüber nachdenken, Inspektor. Das könnte ein Mehr-als-drei-Pfeifen-Problem werden ... Aber ich befürchte, dazu werde ich heute nicht mehr kommen. Auch Ihr Kollege Lestrade benötigt meine Hilfe.“

„Aber sein Problem ist doch sicherlich nicht so wichtig und dringend ...“

„Gemach, junger Mann. Ich werde heute Nacht über Ihre reizende kleine Angelegenheit grübeln, aber zuerst muss ich den Tatort in Knightsbridge besichtigen. Das kann nicht warten, die Spuren werden sonst kalt oder gar verwischt.“

Dr. Watson, der am Schluss nur noch aufmerksam zugehört hatte, schaltete sich nun wieder ein:

„Holmes, wollen Sie etwa um diese Uhrzeit noch zu Lord Castlepool? Unangemeldet?“

„Not kennt kein Gebot, mein Lieber. Ich will ja auch nicht zum Lord persönlich, sondern nur das Salonzimmer inspizieren, in das gestern eingebrochen wurde. Die Umstände sind so günstig wie nie: Das Zimmer hat nur eine Tür, die der Butler, als er den Einbrecher ertappte, leise von außen verriegelt hat. Dann wollte er dem Dieb den Rückweg abschneiden. Leider war er nicht schnell genug draußen, er traf nur noch den Neffen des Lords, der Dieb war bereits geflüchtet – offenbar hatte er die Falle doch bemerkt. Seither ist das Salonzimmer verschlossen, und Lestrade hat klugerweise dafür gesorgt, dass es auch so blieb. Die Polizei war außerhalb des Hauses auf der Jagd und konnte drinnen noch keine Spuren zertrampeln; das hat man selten. Ein Grund mehr, mich zu sputen, bevor doch noch alles platt gewalzt wird.“

„Und ich, Sir? Was wird mit Miss von Zuern und mit Mr. Spinks Diamantring?“

„Erwarten Sie einfach mein Telegramm. Sobald mir etwas dazu einfällt, rufe ich Sie sofort.“

***

Man kann sich sicher denken, dass ich in meiner alten Wohnung in Brixton diese Nacht recht unruhig schlief. In weniger als sechsunddreißig Stunden würde alles zu spät sein, die dreiste junge Dame auf dem Schiff in Dover, für immer außer Reichweite! Und verflixt noch mal, wenn ich sie nicht aufhalten konnte, hatte ich im Yard den schwarzen Peter; oder wenn ich sie aufhielt und nichts fand – dann hatte ich mich nicht nur blamiert, sondern meine Karriere war auch beendet, bevor sie angefangen hatte …

***

Daher fiel mir ein Stein vom Herzen, als mich am nächsten Morgen Holmes' Telegramm erreichte:

HOFFNUNGSSCHIMMER STOP
KOMMEN SIE 11 UHR BAKER ST.

Schon 10 vor 11 läutete ich an der Hausnummer 221B, begierig auf den Hoffnungsschimmer. Ich traf jedoch nur Dr. Watson an, der mir mitteilte, Holmes sei noch nicht zurück. Er sei beim Frühstück einfach wie von der Tarantel gestochen losgerannt mit den Worten, er käme so schnell wie möglich zurück und wir sollten uns zur Verfügung halten.

„Was genau ist denn passiert, Dr. Watson?"

„Nun, wie gesagt, Mrs. Hudson hatte gerade das Frühstück gebracht. Holmes war am Abend vorher spät nach hause gekommen, ich hatte ihn nicht mehr gehört. Der Knightsbridge-Fall sei so gut wie gelöst, meinte er, aber Ihre Sache sei doch zu vertrackt. Obwohl er qualmte wie ein Schlot, drehten sich seine Gedanken nur im Kreis."

„Ja, ein veritabler Teufelskreis ist es ja auch, Doktor! Und weiter?"

„Ich sagte, so einen gordischen Knoten könne man nur mit Gewalt durchschlagen, und wenn das aus politischen Gründen nicht ginge, dann stecke man eben in der Sackgasse. Schon rein von der Logik her sei es doch unmöglich, ohne Versuch klug zu werden. Da müsste er schon hellsehen können, das wäre ja wohl zuviel verlangt. – Daraufhin ließ er Messer und Gabel fallen, rief

‚Watson, Sie haben's wieder mal geschafft, wenn Sie wüssten, wie genial Sie manchmal sind!' Hausmantel aus, Gehrock an, Zylinder auf, und weg war er."

„Hat er nichts weiter gesagt?"

„Nur, dass er im Lesesaal des Britischen Museums etwas überprüfen müsse, und dass er mich wahrscheinlich bald brauchen würde. Daher solle ich bitte das Haus nicht verlassen. Typisch Holmes eben."

Es blieb uns nichts anderes übrig als zu warten; meine Unruhe kehrte zurück und wurde immer stärker. Da, fünf nach elf ertönten energische Schritte auf den siebzehn Stufen, die Tür öffnete sich, und herein trat – mein lieber Kollege, Inspektor Lestrade.

Er stutzte: „Sie hier, Hopkins? Ach ja, diese ominöse Sache, von der im Yard alle reden und keiner was weiß! Egal, ich habe meine eigenen Sorgen, ich werde Sie nicht fragen. Hallo, Dr. Watson, ist Mr. Holmes nicht da?"

„Wir erwarten ihn jeden Moment, Lestrade."

„Das hoffe ich, Doktor. Er hat mich für Viertel vor elf hierher bestellt, aber leider habe ich mich verspätet. Ich fürchtete schon, ich hätte ihn verpasst."

Es folgten ein paar lange Minuten unbehaglichen Schweigens, derweil Mrs. Hudson uns mit Tee und Gebäck versorgte. Schließlich, es wird wohl etwa Viertel nach elf gewesen sein, traf Holmes endlich ein.

„Ich bitte um Entschuldigung, meine Herren, meine Recherchen in der Bibliothek haben doch etwas länger gedauert, als ich gehofft hatte. Aber keine Angst, Hopkins, ich glaube, ich habe einen Weg ausfindig gemacht, wie wir Ihr Dilemma lösen. Bitte haben Sie nur noch einen Moment Geduld, ich will nur kurz Ihrem Kollegen auf die Sprünge helfen – hier, Lestrade, ist die Antwort auf alle Ihre Fragen."

Er reichte ihm einen kleinen Umschlag. Begierig riss Lestrade ihn auf und machte ein langes Gesicht:

„Abgebrannte Streichholzstummel, Mr. Holmes? Was soll das denn?"

„Ich habe sie am Tatort gefunden, in dem verriegelten Salon, aus dem der Einbrecher geflohen ist."

„Na und? Dort hatte ich sie auch bereits gesehen. Der Einbrecher hat offenbar mit ihrer Hilfe Licht gemacht, um sich zu orientieren. Aber was hat das mit den drei Verdächtigen zu tun, die wir in der Nähe verhaftet haben? Ein leicht angetrunkener Nachtschwärmer, ein arbeitsloser Handwerksbursche, ein irischer Landstreicher – jeder von denen könnte es gewesen sein!"

„Wie mir scheint, haben Ihre Leute auf gut Glück jeden verhaftet, der gerade in der Gegend war?"

„Alle, die keinen triftigen Grund für Ihre nächtliche Anwesenheit angeben konnten, natürlich. Hätten wir sie denn laufen lassen sollen, auf Nimmerwiedersehen? Jedenfalls, die paar Streichholzstummel könnten doch von jedem der drei stammen!"

„Eben nicht, werter Inspektor. Schauen Sie sich die Stummel doch mal genau an, fällt Ihnen nichts daran auf? Aus welcher Streichholzschachtel könnten sie wohl stammen?"

„Aus jeder x-beliebigen, natürlich. Oder halt, warten Sie: Die Enden sind nicht gleichmäßig, wie bei gewöhnlichen Streichhölzern, sondern flach und abgesplittert. Da liegen Sie aber falsch mit der Schachtel, mein lieber Holmes. Diese sind offensichtlich abgerissen aus einem jener Streichholzheftchen, die man vielerorts für Werbezwecke …"

Er verstummte und blieb eine Sekunde mit offenem Mund bewegungslos sitzen.

„Ganz genau, mein lieber Inspektor," lächelte Holmes. „Sie müssen nur noch das fragliche Heftchen finden, zu dem die abgerissenen Stummel passen. Sicherlich haben Sie doch Ihre drei Verdächtigen durchsucht?"

Lestrade hatte sich wieder gefasst und warf sich in die Brust. „Selbstverständlich, Mr. Holmes! Formidabel, beziehungsweise, wenn man es recht überlegt, äußerst simpel."

„Elementar, mein lieber Lestrade."

„Wie auch immer, ich danke Ihnen jedenfalls im Namen von Scotland Yard. Gewiss hätten wir die Sache auch selber aufklären können, aber mit Ihrer Hilfe ging es jedenfalls schneller. Der Rest ist ja jetzt ein Kinderspiel."

„Ganz gewiss, Inspektor," meinte Holmes trocken. „Ich freue mich immer, wenn ich der Polizei Ihrer Majestät zu Diensten sein kann."

Lestrade verabschiedete sich jetzt eilig, und ich, der ich wie auf glühenden Kohlen gesessen hatte, wandte mich eifrig an Sherlock Holmes:

„Sie retten vielleicht meine Karriere, Sir, wenn Sie mich wirklich aus dieser Zwickmühle befreien können. Ich sah mich schon bald wieder Streifendienst gehen."

„Nun, so weit soll es nicht kommen, mein lieber Hopkins. Bedanken Sie sich bei Dr. Watson, der mich auf die rettende Idee gebracht hat! Und der die haarsträubenden Geschichten über mich im ‚Strand' schreibt, ohne die folgende glückliche Fügung wohl kaum möglich gewesen wäre."

Damit ging er zum Kamin, wo er einen Stapel ungelesener Post mit dem Taschenmesser auf den Sims gespießt hatte. Diesem Stapel entnahm er ein einzelnes Billett, das er mir reichte.

„Hier, unsere Trumpfkarte, Inspektor!"

Es handelte sich um ein kleines Billett auf edlem Büttenpapier mit gekräuseltem Beschnittrand, auf dem mit roter Tinte in eleganter weiblicher Handschrift (soviel konnte ich erkennen) nur zwei Sätze standen:

„Verehrter Mr. Sherlock Holmes, wenn Ihre Zeit es erlaubt, sich einem Ihrer größten Bewunderer zu widmen, wäre ich entzückt, Ihre Bekanntschaft machen zu dürfen und neben dem Buckingham Palace auch die legendäre Baker Street 221B kennen zu lernen: Eine junge Dame von hoher Abkunft und bester Erziehung, leider nur kurz zu Besuch in London! Dita von Z., z. Zt. resident Savoy Hotel."

„Ach! Sie kennen diese Lady aus Rabeneichenwaldchen, Holmes?"

Dr. Watson war unbemerkt hinter mich getreten und hatte das Billett mitgelesen.

„Keineswegs, mein Freund. Ich bekomme dank Ihrer Publikationen neuerdings viele solcher lästigen Anfragen, die ich standhaft zu ignorieren pflege, besonders, wenn sie von offensichtlich überspannten jungen Damen stammen. Aber in diesem Fall könnte sich das unerwünschte Interesse der Miss von Zuern noch als äußerst nützlich erweisen."

„Wie das, Mr. Holmes? Wie sollte uns das helfen, den Edelstein aufzuspüren, den sie bei sich trägt?" fügte ich an.

„Wenn sie ihn bei sich trägt, was ja gerade zu beweisen wäre, Inspektor. Nun, wie Sie selbst gestern gesagt haben, wird die Zeit allmählich knapp, und da wir noch eine Menge Vorbereitungen zu treffen haben, kann ich Ihnen jetzt nicht ausführlich erklären, was ich herausgefunden habe. Ich darf Sie lediglich bitten, meinen Anweisungen genauestens zu folgen. Einverstanden, Mr. Hopkins?"

„Selbstverständlich, Mr. Holmes."

„Sehr gut, ich hatte auch nichts anderes erwartet. Watson, den Fahrplan, bitte! Sie sagten, Inspektor, Miss von Zuern wird London morgen früh um 10 verlassen und am Mittag aus Dover abreisen? Können Sie herausfinden, mit welchem Schiff genau, und an welchem Pier es ablegt?"

„Das müsste sich machen lassen, jawohl."

„Hier haben wir's ja – der zuverlässige Bradshaw sagt, dass um 9 Uhr morgen früh ein Zug von Victoria Station nach Dover abfährt. Wir müssen unbedingt eine gute Weile vor der deutschen Miss dort ankommen, das ist absolut wesentlich. Ich schlage vor, dass wir uns morgen schon zwanzig Minuten vor Abfahrt des Zuges in der Victoria Station treffen. Sie sind doch dabei, Watson, nicht wahr? Natürlich sind Sie dabei! Und Sie, Hopkins, sorgen schnellstens dafür, dass zwei Abteile für uns reserviert sind."

„Wir sind doch nur drei Personen, Sir, da genügt doch sicher …"

„Zwei Abteile, Hopkins, wie ich gesagt habe. Und für heute Nachmittag habe ich noch eine wichtige Aufgabe, und auch für Sie, Watson: Sie müssen unbedingt ein paar Gerätschaften besorgen, ohne die mein kleiner Trick morgen nicht funktionieren kann. Hören Sie gut zu:

Inspektor, bringen Sie außer den Fahrkarten bitte noch einen Hochspannungsgenerator mit. Ein gewöhnlicher Ruhmkorff-Apparat[5] wird genügen, das dürfte Ihnen sicherlich nicht schwer fallen. Ihnen, mein lieber Watson, fällt ein schwierigeres Geschäft zu: Klappern Sie bitte ein paar Fotoateliers ab und besorgen Sie ein oder zwei Glasplatten, die mit Bariumplatinocyanid beschichtet sind. Wenn Sie die nicht finden sollten, nur Not tun es auch ein paar gewöhnliche fotografische Platten. Ich werde derweil versuchen, irgendwo auf die Schnelle eine Kathodenstrahl-

5 Heinrich Daniel Rühmkorff, später Ruhmkorff, hatte bereits 1855 eine chemisch betriebene Induktionsröhre erfunden, um Elektrizität von hoher Spannung zu erzeugen. Sein sog. Funkeninduktor erzeugte etwa 100.000 Volt.

röhre[6] aufzutreiben. Ein oder zwei Telegramme muss ich auch noch absenden.

Und nun beeilen Sie sich bitte, Gentlemen! Die Uhr läuft, und die Zeit arbeitet gegen uns.“

***

Ich hatte keine Ahnung, was Holmes mit all diesem technischen Kram wollte, aber es fiel mir jedenfalls nicht schwer, meinen Teil der Abmachung zu erfüllen. Ich dachte sogar noch daran, eine weibliche Polizeibeamtin anzufordern, für den unwahrscheinlichen Fall, dass wir doch zur Durchsuchung von Miss Zuern schreiten müssten; somit belegte ich also zwei Abteile für vier Personen im 9-Uhr-Zug nach Dover. Und zwanzig Minuten vor 9 stand ich, wie verabredet, mit einem Ruhmkorff-Apparat und in Begleitung einer matronenhaften Polizeibeamtin, deren Namen ich vergessen habe, auf dem Bahnsteig der Victoria Station.

Es wurde Viertel vor, es wurde 10 vor 9 – da, kaum fünf Minuten vor Abfahrt des Zuges, kamen sie angelaufen: Sherlock Holmes mit einer sperrigen schwarzen Kiste, gefolgt von Dr. Watson, der außer seiner unvermeidlichen Arzttasche noch ein dick in Papier eingewickeltes Paket unter den Arm geklemmt hatte (vermutlich die fotografischen Platten).

Buchstäblich in letzter Minute eilten sie den Bahnsteig entlang und verstauten die Sachen im freien Nachbarabteil. Dr. Watson stieg ein und ließ sich ächzend mir gegenüber in den bequemen Sitz fallen, während Holmes – dem man keinerlei Anstrengung anmerkte – nur kurz meinte, wir müssten bis Dover auf seine Gesellschaft verzichten:

---

6 Wahrscheinlich eine sog. Hittorf-Crookes-Röhre, die Holmes am ehesten im Laboratorium der Universität „ergattert“ hätte.

„Ich will die Zeit nutzen, meinen Zauberkasten zusammenzusetzen. Watson, haben Sie das Billett von Miss Zuern? Sehr gut. Ich sehe, Inspektor Hopkins, dass Sie so vorausschauend waren, eine Kollegin mitzubringen – ich wünschte, Lestrade und alle anderen im Yard wären auch so umsichtig. Aber sorgen Sie bitte dafür, dass bei Ankunft der bewussten Person keine Uniform zu sehen ist. Bis nachher, Gentlemen. Madam!"

Zu Frauen, auch der unteren Klassen oder aus subalternen Rängen, war Sherlock Holmes immer ausnehmend höflich. Mit einem Nicken verschwand er im Nachbarabteil, und als der Zug sich in Bewegung setzte, wandte ich mich Dr. Watson zu, der immer noch schnaufte. Da wurde meine Aufmerksamkeit nochmals von lauten Rufen abgelenkt, als ein mir nur zu wohl bekannter Mann auf den Bahnsteig sprintete und ein paar Sekunden neben dem abfahrenden Zug her rannte.

„Mr. Holmes!" Es war mein berühmter Kollege Gregson, Inspektor Gregson von der Spezialabteilung. „Mr. Holmes! Der Kutter …" Ich konnte nur wenige Wortfetzen verstehen, als der Zug immer schneller und Gregson immer langsamer wurde. Irgendwas von einer Alicia rief er uns noch hinterher, dann waren wir auf der Fahrt nach Dover in der Hoffnung, Miss von Zuern noch abzupassen, bevor sie an Bord ging, und den Diamantring bei ihr zu finden.

***

„Was für eine Hetzerei! Ich fürchte, meine Beine sind nicht mehr so jung wie ihre, Mr. Hopkins. Seit meiner Kriegsverletzung bin ich nicht mehr so gut zu Fuß."

Dr. Watson hatte sich mittlerweile etwas erholt und berichtete mir während der Fahrt, was sich ereignet hatte, dass Holmes und er fast den Zug versäumt hätten:

Es ging wieder um die Knightsbridge-Affäre. Am späten Abend war wohl gestern noch ein verzweifeltes Telegramm von Lestrade gekommen des Inhalts, bei keinem der drei Verdächtigen sei ein abgerissenes Streichholzheftchen gefunden worden, und der Inspektor hatte sie alle wieder laufen lassen müssen. Nun wollte Holmes nochmals gründlichere Untersuchungen und Befragungen im Hause des Lords anstellen, die er aus Zeitmangel bisher – wie er ungern zugab – versäumt hatte. „Selbst ich kann nicht überall zugleich sein, Watson," hatte er gemeint. „Wenn die Herren Verbrecher so freundlich wären, ihre Untaten besser abzustimmen und sie hübsch einer nach dem anderen zu verüben, dann wäre uns schon sehr geholfen." Und da es an diesem Abend kaum mehr möglich war, noch etwas zu unternehmen, weil alle Bewohner des Hauses wahrscheinlich schon schliefen, habe er kurzerhand beschlossen, zusammen mit ein paar Polizeibeamten dem Lord heute schon in aller Frühe einen Besuch abzustatten.

So waren Holmes, Watson, Lestrade und drei Constables zu sehr unchristlicher Stunde in der Villa von Lord Castlepool aufgetaucht, mit ihrem ganzen Gepäck für die Fahrt nach Dover gleich im Schlepptau. Holmes hatte gehofft, noch Licht in die Sache bringen zu können, bevor sie den Zug in Victoria Station erreichen mussten. Während die Polizeibeamten auf der Suche nach dem Streichholzheftchen, das nun als „corpus delicti" galt, das Personal in die Mangel nahmen und das halbe Haus auf den Kopf stellten, hatte Jenkins, der Butler, Holmes und Watson ins Raucherzimmer geleitet. Lord Castlepool war noch zu Bett und wollte nicht gestört werden, aber sein Neffe kam – noch im Schlafrock und nur flüchtig gekämmt –, um die ungebetenen Gäste in Empfang zu nehmen.

„Wir müssen vielmals um Entschuldigung bitten, dass wir Sie so überfallartig belästigen, Sir. Aber es ging nicht anders, und seine Lordschaft hat doch sicher auch größtes Interesse, diese dumme Angelegenheit so schnell wie möglich zu klären.“ Holmes konnte, wenn er wollte, sehr verbindlich sein.

„Gewiss, meine Herren. Ich hoffe nur, die Polizei geht diskret vor und bringt nicht zu viel Verwirrung in den Haushalt. Jenkins scheint schon ganz konfus, und das Personal fängt an zu tratschen. Sie wissen ja, wie die kleinen Leute so sind. Natürlich können wir nicht zulassen, dass jemand bei uns einbricht und einfach davonkommt. Aber es ist ja nichts entwendet worden, der Einbruch wurde noch rechtzeitig vereitelt, und seine Lordschaft – mein Herr Onkel – möchte unter allen Umständen vermeiden, dass die Presse von der Sache Wind bekommt.“

„Selbstredend, Sir. Seien Sie unserer Diskretion bitte versichert. Übrigens, fänden Sie es sehr unverschämt, wenn ich mir eine kleine Zigarette genehmige, so kurz nach dem Frühstück?“

„Aber ich bitte Sie, wir sind doch hier im Raucherzimmer. Tun Sie sich keinen Zwang an, ich gebe Ihnen gleich Feuer ...“

Lord Castlepools Neffe fischte in der Tasche seines Morgenrocks und brachte eine zerknitterte Zigarettenschachtel, aber keine Streichhölzer zutage.

„Danke, Sir, nicht nötig. Dort drüben steht ja eine brennende Kerze, die Jenkins offenbar schon angezündet hat.“ Holmes hatte sein silbernes Zigarettenetui aus dem Gehrock genommen und hielt es dem Gastgeber hin. „Auch eine von meinen? Schwarzer Latakia, wunderbar stark.“

„Nein danke, ich werde mir, glaube ich, lieber eine Morgenpfeife stopfen. Wo ist denn bloß der Fidibus?

Ach, hier. Und, Gentlemen, kann ich sonst noch etwas für Sie tun?“

„Vielleicht erzählen Sie uns kurz, wie sich der Einbruch – der versuchte Einbruch, sollte ich wohl besser sagen – zugetragen hat.“

„Da gibt es gar nicht viel zu erzählen. Ich war vorgestern, warten Sie, nein, das war ja schon vorvorgestern – also, ich war bis kurz nach Mitternacht noch im Raucherzimmer, hier. Gerade hatte ich die Pfeife ausgeklopft und wollte zu Bett gehen, da hörte ich Schritte im Haus und gleich darauf Geräusche im Garten. Ich warf mir, genau wie heute, schnell den Morgenmantel über und lief hinaus; dann kam ganz aufgeregt Jenkins angerannt. Wir fanden das Fenster zum Salon aufgehebelt, aber drinnen war alles still und dunkel. Ich stieg vorsichtig hinein, Jenkins brannte ein paar Kerzen an und leuchtete mir, aber es war leer. Der Einbrecher hatte sich offenbar bereits aus dem Staub gemacht. Daraufhin rief Jenkins nach der Polizei, ein Constable pfiff nach Verstärkung, und dann wurde die Umgebung abgesucht.“

„Wobei natürlich sämtliche Fußspuren im Garten vernichtet wurden. Wann werden sie es wohl je lernen?“

In diesem Moment kann ein triumphierender Lestrade mit einem weinenden Dienstmädchen. Es war die zweite Küchengehilfin, und ihre Aufgabe war es, jeden Morgen das Feuer im Herd anzuzünden. Dazu hatte sie ein Streichholzheftchen benutzt, das sich als das Gesuchte herausstellte: „Die Bruchstellen passen genau, Gentlemen, damit ist der Fall so gut wie gelöst, nicht wahr?“

„Darf ich das fragliche Objekt einmal sehen? Befindet sich darauf ein Werbeaufdruck? – Ah, vom Nonpareil-Club. Mit dem hatte ich bereits zu tun. Was glauben sie wohl, was eine schlichte Küchenhilfe mit diesem Club der besseren Kreise zu tun hat?“

„Wir werden schon aus ihr herausbekommen, von wem sie das Ding hat.“ Lestrade wandte sich respektvoll an den Neffen des Lords, der etwas betreten herumstand. „Es tut uns leid, Sie belästigt zu haben, bitte richten Sie das Seiner Lordschaft aus. Und Sie, verehrter Mr. Holmes, möchte ich nun nicht länger aufhalten. Vielen Dank, aber Ihre Hilfe wird ja nun nicht mehr benötigt.“

„Um so besser, Inspektor. Ich bin sicher, Sie werden den Übeltäter bald dingfest machen, so dass man im Haus von Lord Castlepool bald wieder ruhig schlafen kann. Kommen Sie, Watson, wir haben noch eine Verabredung – nicht, dass wir unseren Zug noch verpassen! Keine Sorge, Lestrade, so oder so sind wir heute Abend wieder zurück. Wir kommen mit dem Nachmittagszug aus Dover. Dann können Sie uns berichten, wie Sie den Knightsbridge-Fall zum Abschluss gebracht haben.“

So waren die beiden also in letzter Minute bei mir eingetroffen, und wir rollten dem entscheidenden Moment zu. Was Holmes mit den ominösen Apparaten erreichen wollte, davon hatten weder ich noch Dr. Watson eine Ahnung:

„Er kam gestern Abend sehr spät nach hause, ich habe ihn gar nicht mehr gesehen, und heute morgen überraschte er mich gleich mit Lestrades Nachricht und dem überstürzten Ausflug nach Knightsbridge,“ meinte der Doktor. „Ich habe ihn natürlich gefragt, als wir mit der Kutsche zum Bahnhof rasten, aber er ging überhaupt nicht darauf ein und riet mir nur, ich solle mich festhalten. ‚Schneller, Kutscher!‘ Das war alles, was aus ihm herauszubringen war.“

Um die Zeit totzuschlagen, plauderten wir dann noch über Belanglosigkeiten wie das neue Riesenrad am Earl’s

Court[7], während meine innere Erregung beständig zunahm.

***

Schließlich erreichte der Zug Dover. Bis zur erwarteten Ankunft von Miss Zuern hatten wir noch eine knappe Stunde Zeit, wenn die Auskünfte der Zofe zutrafen. Trotzdem hatte Holmes es nach wie vor eilig; wir holten unsere merkwürdigen Geräte, mit denen er offenbar die ganze Zeit experimentiert hatte (denn mittlerweile waren der Ruhmkorff-Apparat und die Hittorf-Röhre mit Kabeln verbunden) und eilten mit Sack und Pack vom Bahnhof zu dem Pier, wo der kleine Dampfer nach Calais ablegen sollte. Die ebenso hoch- wie übermütige Miss von Zuern wollte nämlich vor ihrer Rückkehr nach Deutschland noch einen Abstecher nach Paris machen, aber auch dort wäre sie vor unserem Zugriff ebenso sicher gewesen wie in ihrem heimischen Fürstentum. Dies war unsere letzte Chance.

Als wir den betreffenden Pier erreichten, sahen wir links ein kleines Wartehäuschen für die besser gestellten Passagiere; unmittelbar daneben stand ein windschiefes Gebäude mit der Aufschrift „Zollabfertigung", von dem schon die Farbe abblätterte. Mir schien es fast ebenso vom Wetter gegerbt wie sein Insasse, ein ältlicher Zollinspektor, der eine sehr säuerliche Miene machte, als Holmes – ohne viel Federlesen, mit Hilfe meiner Vollmachten – in aus seinem kleinen Reich ver-

7 Errichtet 1896 – offenbar unterschieden sich die viktorianischen Attraktionen nicht sehr von den heutigen. Übrigens muss Hopkins, wenn er 1894 bei Scotland Yard anfing, im Sommer 1896 schon nahezu zwei Jahre im Dienst gewesen sein, nicht bloß „über ein Jahr", wie er eingangs schreibt.

trieb und den ganzen Raum mit Beschlag belegte. In einer Mischung von fasziniertem Interesse und verständnisloser Bewunderung schauten wir zu, wie er akribisch die Szene für den letzten Akt unseres kleinen Dramas vorbereitete.

Nachdem er die Apparate wieder in die richtige Anordnung gebracht hatte, die er allein kannte, versteckte er sie hinter einem schweren Vorhang, justierte sie mehrfach, und arrangierte schließlich an einer ihm passend erscheinenden Stelle ein kleines Ensemble, bestehend aus einem Tisch und zwei Stühlen. Nachdem alles zu seiner Zufriedenheit schien, wandte er sich wieder an uns:

„Ich hoffe, ich habe alles richtig konstruiert, in Kürze werden wir es sehen. Nun kann die junge Dame meinetwegen kommen – und dann, Watson, kommt auch Ihr großer Auftritt. In gewisser Weise sind Sie nämlich der wichtigste Teil meiner kleinen Versuchsanordnung.“

Inzwischen hatten wir natürlich begriffen, dass er eine Art von fotografischer Aufnahme machen wollte, aber wie, warum und wieso, das war mir schleierhaft. Was sollte uns ein Bild der Miss von Zuern denn nutzen? Ich wusste es jedoch besser, als ihn daraufhin anzusprechen. Ich hätte ihn nur verärgert und doch keine Antwort erhalten. Also erinnerte ich mich an mein Versprechen, mich ganz nach seinen Anweisungen zu richten, und schwieg.

„Ich habe zwar keine Ahnung, worauf Sie hinauswollen, Holmes, aber ich will mich gerne bemühen, jede Rolle zu spielen, die Sie mir zuweisen.“ Das war Dr. Watson, wie er leibt und lebt!

„Und ich bin sehr froh, dass ich mich jederzeit auf Sie verlassen kann, alter Freund. Also passen Sie auf: Ihre Aufgabe wird es sein, Miss von Zuern unaufdringlich abzufangen, bevor Sie auf das Schiff geht. Das Billett, das Sie mir geschrieben hat, wird Ihnen dabei sicherlich eine große Hilfe sein. Sagen Sie ihr ruhig, Sie seien der Bote des von ihr verehrten großen Detektivs; es kommt allein darauf an, sie hier eine Weile aufzuhalten. Wie Sie das anstellen, das bleibt Ihnen überlassen – Sie kriegen das schon hin, da bin ich mir ganz sicher."

„Am besten erzähle ich ihr einfach, Sie seien auf Reisen gewesen und hätten es sehr bedauert, sie nicht empfangen zu können; es wäre Ihnen eine Ehre gewesen, daher hätten Sie mich als Ihren Stellvertreter geschickt, um ihr die Aufwartung zu machen, usw. usf. Nach allem, was ich von der jungen Dame gehört habe, ist sie eitel genug, um jeden Köder zu schlucken, der ihrem Ego schmeichelt."

„Formidabel, Watson! In manchen Dingen sind Sie wirklich ein kapitaler Bursche."

„Man lernt so einiges als Arzt, Holmes, nicht zuletzt im Umgang mit störrischen Patienten."

„Also machen Sie ihr die Sache irgendwie schmackhaft, lullen Sie sie ein, lotsen Sie sie hierher, unter welchem Vorwand auch immer. Und dann sorgen Sie dafür, dass Sie hier Platz nimmt, genau hier."

„Das dürfte kein Problem sein."

„Rücken Sie ihr den Stuhl so zurecht, dass sie gar nicht anders kann, als sich so zu setzen, wie ich es wünsche. Und dann setzen Sie sich in gebührendem Abstand neben sie, aber so, dass sie nicht leicht ihre Position verändern kann. Sie darf auf keinen Fall ihren Stuhl wegrücken oder gar aufstehen! Es ist von zentraler Bedeutung, dass sie sich ein paar Minuten lang möglichst nicht bewegt."

„Ich kann Sie ja aber nicht fesseln, mein lieber Holmes."

„Doch, Watson, das können Sie! Nicht mit Stricken natürlich, aber mit Worten. Erzählen Sie ihr eine Ihrer fesselnden Geschichten! Schlagen Sie sie mit unseren Abenteuern in Ihren Bann! Versprechen Sie ihr meinetwegen, Sherlock Holmes würde demnächst nach Rabeneichenwaldchen reisen!“

„Ich weiß zwar nicht, was Sie sich davon versprechen, Holmes, aber ich werde es schon hinkriegen.“

„Sie kriegen es immer hin, Watson.“

„Oh, vielen Dank für das seltene Kompliment, Holmes. Ich werde mein Bestes tun.“

„Bravo! Und Sie, Hopkins, Ihre Aufgabe ist es vor allem, sich nicht blicken zu lassen – nicht, bevor ich Ihnen ein Zeichen gebe!“

„Wie Sie meinen, Mr. Holmes. Ich werde mich also unsichtbar machen, und meine Helferin hier natürlich auch. Wir warten im Nebenraum, bis Sie uns rufen – auch wenn es mir schwer fällt. Vergessen Sie nicht, was für mich auf dem Spiel steht!“

„Das ist mir vollkommen bewusst, Inspektor. Los jetzt, ich glaube, der nächste Zug aus London kommt gleich – alle auf die Plätze!“

***

Wir verhielten uns mucksmäuschenstill. Durch den Türspalt sah und hörte ich nur einen Teil der folgenden Ereignisse; zunächst waren in einiger Entfernung die Passagiere zu erkennen, wie sie aus dem Zug ausstiegen und sich auf den Weg zur Fähre machten. Darunter war auch eine ziemlich große Reisegruppe, eine junge Dame mit ihrer Entourage und reichlich Gepäck – das musste sie sein. Selbst aus der Ferne erkannte ich die große Distanz, die sie zum Personal hielt.

Ich hatte Miss von Zuern noch nie gesehen, aber bald fiel mir ihr blasser Teint auf, die eisblauen Augen unter dünnen Brauen, ihre eigenwilligen Wangenknochen bei dennoch wenig ausgeprägtem Kinn. Dr. Watson (auf dessen Menschenkenntnis ich viel gebe) erzählte mir später, als er auf sie zuging, habe er den Eindruck gehabt, sich einem vergletscherten Vulkan zu nähern. Während die Dienerschaft sich eifrig um das Reisegepäck kümmerte, kümmerte Miss von Zuern sich offenbar nur um sich selbst. Ich hatte, ehrlich gesagt, meine Zweifel, ob es Dr. Watson gelingen würde, sie lange genug hinzuhalten; aber er konnte eine Art von treuherziger Raffinesse an den Tag legen, die ihn vieles erreichen ließ, woran andere gescheitert wären. Welche Märchen er ihr aufgetischt haben mag, sei dahingestellt, jedenfalls dauerte es nicht lange, bis er sich zusammen mit Miss Zuern unserem Versteck näherte.

Während er sie unter einem Schwall von Worten auf den ihr zugedachten Stuhl komplimentierte, schloss ich leise die Tür, ließ sie aber nur angelehnt. Ich bekam nur noch mit, wie sie mit einer klirrenden (übrigens ziemlich misstönenden, gar nicht zu ihrem jungen, unschuldigen Gesicht passenden) Stimme darauf bestand, unbedingt rechtzeitig an Bord des Schiffes gehen zu müssen; dann hörte ich nur noch gedämpftes Gemurmel, mit dem Dr. Watson sie minutenlang einlullte.

Zum Schluss des Dramas fiel nicht etwa der Vorhang, sondern er öffnete sich ziemlich abrupt:

„Genug, Watson! Sie haben Ihre Sache besser gemacht, als ich zu hoffen wagte. Miss von Zuern, wenn Sie gestatten, ich bin Sherlock Holmes. Sie wollten mich gerne kennen lernen, und nun sollen Sie mich kennen lernen."

Da ich nun keinen Sinn mehr darin sah, mich weiter verborgen zu halten, trat ich ebenfalls hervor, und gab der Polizeibeamtin einen Wink, sich am Ausgang zu postieren.

„Um nichts in der Welt hätte ich es versäumen wollen, Ihre Bekanntschaft zu machen …“

Miss Zuern hatte sich von Ihrer Überraschung erholt und krähte mit einer Stimme, die sie wohl für zuckersüß hielt:

„Nennen Sie mich Fräulein Dita, Mr. Holmes!“ Dieser ging jedoch gar nicht auf sie ein.

„… aber nun habe ich auch schon genug von Ihnen gesehen, junge Lady. Es kann in der Tat nicht angehen, dass Sie Ihre Fährverbindung verpassen, denn je schneller Sie unser gesegnetes England verlassen, desto besser – für alle Beteiligten, wie ich hinzufügen darf. Leider halten Sie noch etwas zurück, was Ihnen nicht gehört; Sie wissen genau, was ich meine. Wenn ich also darum bitten dürfte, mir das Eigentum von Mr. Spink, dem Juwelier in Hatton Garden, auszuhändigen?“

Miss Zuern saß auf einmal stocksteif auf ihrem Stuhl; ihre Miene versteinerte. Vom Blitzen gerechter Empörung war jedoch nichts in ihren Augen zu lesen.

„Wie können Sie es wagen, Mr. Holmes? Ich bin eine Verwandte Ihrer Königin und die zukünftige Fürstin …“

„… von Rabeneichenwaldchen, ich weiß. Und eine sehr weitläufige Verwandte meiner verehrten Königin. Die Zeit für solche Spielchen ist vorbei, Miss von Zuern. Dies hier ist Inspektor Stanley Hopkins von Scotland Yard, und ich hoffe sehr, ihn nicht extra bemühen zu müssen.“

„Scotland Yard! Was habe ich mit Scotland Yard zu schaffen? Wieso erdreisten Sie sich …“

Sie versuchte die Contenance zu wahren, aber ihre Stimme versagte allmählich.

„Bitte, Miss von Zuern, den Diamantring, den Sie um Ihren Hals tragen. Er gehört weder an diese Stelle“

– dabei deutete er direkt zwischen ihre, vom hochgeschossenen Kleid verhüllten, nun ja, Brüste, ohne sie unmittelbar zu berühren – „noch überhaupt in Ihre Hände. Wir alle würden es sehr bedauern, unnötige Gewalt anwenden zu müssen."

Die junge Dame wurde abwechselnd rot und blass. Ihre Augen huschten suchend hin und her, und auf einmal wirkte sie gar nicht mehr aristokratisch, auf jeden Fall nicht souverän.

Ich schaltete mich ein: „Sind Sie sich denn absolut sicher, Sir? Ich glaube Ihnen ja gerne, aber wie können Sie das so genau wissen?"

„Nichts leichter als das, warten Sie eine Sekunde." Holmes verschwand hinter dem Vorhang und kam sofort wieder hervor, eine der Glasplatten in den Händen, die Dr. Watson hatte besorgen müssen. Er zeigte uns ein schwarzes Gebilde, ähnlich einem Schattenriss, das ich erst nach einiger Verzögerung als – den Brustkorb von Miss Zuern erkannte. Man konnte tatsächlich jede einzelne Rippe zählen. Auch Dr. Watson keuchte verwundert auf.

„Sehen Sie hier, ein dunkler Fleck, wo anatomisch keiner sein darf – Watson, als Arzt, wird Ihnen das jederzeit bestätigen. Wenn man genau hinschaut, erkennt man sogar zwei dünne Linien, wo die feine Miss eine Schnur um den Hals trägt."

Das war der Beweis, nach dem Mycroft Holmes verlangt hatte.

„Ich will jetzt gar nicht wissen, ob Sie als Hexenmeister auf den Scheiterhaufen gehören, Sir, aber Sie, Miss von Zuern, stehen kurz davor, genau dort zu landen. Ich darf Sie ein letztes mal ersuchen, uns den Diamantring freiwillig zu geben, damit wir ihn seinem rechtmäßigen Besitzer zurückbringen können."

***

Überflüssig zu sagen, dass der Widerstand von Miss Zuern völlig in sich zusammenbrach. Überflüssig zu sagen, dass ich innerlich jubilierte, als ich den kostbaren Stein in Händen hielt, an dessen Existenz nun nicht mehr zu zweifeln war. Das war gewiss keine heimtückische Verleumdung eines jüdischen Juweliers gewesen.

Dennoch wollte ich seine Anzeige nicht weiter verfolgen; er mochte froh sein, sein Eigentum zurück zu erhalten. Holmes hatte recht, je schneller (und stiller) diese dreiste, hochwohlgeborene Miss aus Deutschland den Boden unseres Empires verließ, desto besser. Wir geleiteten Miss von Zuern schweigend zu ihrem Schiff, das bereits abfahrbereit am Pier lag. Da ereignete sich noch eine kurze, unerwartete Unterbrechung:

Am gegenüber liegenden Pier hatte gerade ein Kanaldampfer aus Oostende angelegt, und ein Pulk von Passagieren strebte zum Ausgang oder Richtung Bahnhof. Einer jedoch löste sich aus der Menge und kam suchend, aber mit energischem Schritt auf uns zu. Es handelte sich um einen gut gekleideten, kräftig aussehenden Mann mittleren Alters (er sah jünger aus als er war) mit dunklem, welligem Haar und einem Vollbart, der ihm nach deutscher Mode bis auf die Hemdbrust ging. Seine Augen leuchteten auf, als er den groß gewachsenen, schlanken Holmes in seinem karierten Inverness Cape und dem unverkennbaren Deerstalker erblickte. Entschieden steuerte er auf uns zu und streckte ihm die Hand hin:

„Sie müssen Mr. Sherlock Holmes sein!“

„Sehr wohl. Professor Röntgen[8], nehme ich an? Es freut mich, dass mein Telegramm Sie offenbar rechtzeitig erreicht hat.“

„Es wurde mir nachgeschickt. Ich bin natürlich

---

8 Wilhelm Conrad Röntgen, 1845-1923, erster Nobelpreisträger für Physik

sofort hierher geeilt[9], um mir diese überraschende Nutzanwendung meiner kürzlichen Entdeckung[10] nicht entgehen zu lassen, und um Ihnen meine volle Unterstützung anzubieten."

„Ich darf Ihnen sagen, dass die Sache bereits ein voller Erfolg war. Zum Glück ist es mir, nach einigen Versuchen und Irrtümern, auch ohne Ihre geschätzte Hilfe gelungen, ein brauchbares Bild zu erzeugen. Was halten Sie von diesem Foto? Etwas unscharf, gewiss, aber während der langen Belichtungszeit[11] lässt es sich kaum verhindern, dass die abgebildete Person nicht völlig stillsitzt …"

Es entspann sich eine – uns allen mehr oder weniger unverständliche – Diskussion um Elektrizität und Edelgase, Kathodenstrahlen, Unterdruck in Hittorf-Röhren und andere Fachsimpeleien. Dr. Watson und ich hatten im Zollhäuschen die Teeküche entdeckt, und die Beam-

---

9 Röntgen, der zu der Zeit in Würzburg lebte und arbeitete, hätte unmöglich so schnell in Dover sein können. Vielleicht befand er sich gerade auf einer Vortragsreise im Norden Deutschlands – darauf deutet die Aussage, das Telegramm sei ihm nachgeschickt worden. Andernfalls müsste man annehmen, Stanley Hopkins ginge ebenso großzügig mit der historischen Wahrheit um wie Dr. Watson.

10 Am 8. November 1895 hatte er bei Versuchen mit der Leitung von Elektrizität in Edelgasen eher zufällig die von ihm als „X-Strahlen" bezeichneten Röntgenstrahlen entdeckt, worüber er am 23. Januar 1896 einen Vortrag hielt; vgl. Ernst Peter Fischer: „Schrödingers Katze auf dem Mandelbrotbraum", München (Pantheon) 2006, S. 142-145.

11 Man glaubt es kaum, aber die bereitwilligen Probanden – darunter seine Frau Bertha – hielten ihre Hand über zwanzig Minuten in die Strahlung, von deren Gefährlichkeit natürlich niemand eine Ahnung hatte.

tin, die uns begleitetet hatte, brühte uns ein paar schöne heiße Tassen.

Derweil hatte der ältliche Zollinspektor, den wir aus seinem Domizil vertrieben hatten, ohne ihn einzuweihen, die Reisenden und ihr Gepäck abgefertigt. Miss von Zuerns Dienerschaft befand sich bereits an Bord und schaute bemüht teilnahmslos, als ihre Herrin hoch erhobenen Haupts, aber mit puterrotem Kopf und steifem Rücken über die Laufplanke ging. Kurz danach tutete der Dampfer drei mal und legte ab, zu meiner großen Erleichterung mit einer deutschen Aristokratin, die wir in England nie wieder sehen wollten. Möge man sich in Rabeneichenwaldchen mit ihr herumschlagen! Die Wellen des Ärmelkanals konnten kaum so hoch sein wie die Wellen der Zufriedenheit, die über mich kamen, wenn ich in meiner innersten Jackentasche die Härte des zurück gewonnenen Diamantrings ertastete.

***

Danach ist nicht mehr viel zu sagen. Professor Röntgen verabschiedete sich[12], er wollte mit dem nächsten Schiff gleich wieder die Rückreise antreten. Gemeinsam mit Holmes, Watson und der Polizeibeamtin, die glücklicherweise doch nicht zum Einsatz gekommen war, und natürlich den Teilen des improvisierten Röntgenapparats, fuhren wir mit dem Nachmittagszug zurück nach London.

---

12 In Röntgens Tagebüchern haben die Biographen bislang keine Hinweise auf diese Begegnung mit Sherlock Holmes gefunden. Es ist jedoch bekannt, dass beide – Holmes und Röntgen – manchmal ziemliche Geheimniskrämer waren, die gerne alles für sich behielten, was sie nicht „wasserdicht" belegen konnten.

So schweigsam Holmes auf dem Weg hierher gewesen war, so redselig wirkte er nun. Er hielt endlose Vorträge über die Relevanz der naturwissenschaftlichen Forschung für die moderne Kriminalistik, ja er meinte sogar, daraus würde in naher Zukunft eine eigene Disziplin, die Kriminalwissenschaft, werden, welche die Arbeit der Polizei umwälzen werde.

„Aber auch Ihre Kollegen, mein lieber Watson, sollten die Naturwissenschaften besser im Auge behalten. Ich weiß, Sie lesen regelmäßig den ‚Lancet' und andere medizinische Fachzeitschriften, jedoch sollten Sie auch die neuesten Entwicklungen auf den Gebieten der Physik, der Chemie und der Biologie im Auge behalten; gerade jene Entwicklungen, die zunächst sehr theoretisch erscheinen und deren praktische Relevanz sich nicht auf den ersten Blick erschließt."

Dr. Watson nickte nur ergeben.

„Selbst der gute Professor Röntgen hat die Tragweite seiner eigenen Erfindung wohl noch nicht begriffen, sonst hätte er sie gewiss patentieren lassen[13]. Es ist offensichtlich, Watson, dass auch Ihre Profession ungeheuer davon profitieren wird, quasi direkt in den Patienten hinein schauen zu können."

„Ach, ich weiß gar nicht, ob die das so gut finden würden …" Holmes ging auf diesen Einwand überhaupt nicht ein.

„Ich erwarte ja nicht, Watson, dass Sie die Sitzungsberichte der medizinisch-physikalischen Gesellschaft zu Würzburg verfolgen, wo Professor Röntgen schon Ende letzten Jahres über seine Entdeckung einer neuen Art von Strahlen berichtete[14]. Aber wozu haben wir denn so

---

13 Hier irrt Sherlock Holmes gewaltig. Röntgen hat seine Erfindung nicht patentieren lassen, eben weil er ihre Tragweite erkannte.

14 W. C. Röntgen: Ueber eine neue Art von Strahlen. Drei

viele Zeitschriften abonniert? Sie müssen mehr lesen, um auf dem laufenden zu bleiben!“

Damit reichte er Watson ein Exemplar von „Life“[15], und mir eine Nummer von „McClures Magazine“[16].

„Ich dachte, Dr. Watson hätte Sie überhaupt erst auf die Idee gebracht, Mr. Holmes?“

„Das ist allerdings wahr, Hopkins. Ohne selbst eine Leuchte zu sein, entzündet er doch das Licht der Erkenntnis in mir. Deswegen wäre ich nichts ohne meinen Watson.“

Und mit einem der für ihn so bezeichnenden Themenwechsel erörterte er den weithin überschätzten Wert von Diamanten, die doch bloß gepresster Kohlenstoff seien, die damit verbundenen Modeerscheinungen, die Leichtgläubigkeit der Massen anhand des Tichborne-Falls usw. usf.[17]

Ich dachte derweil an meinen Triumph bei Scotland Yard, daran, wie zufrieden Mr. Holmes' Bruder sein würde; ich hatte mir die Röntgenfotografie für ihn ein-

---

Mittheilungen an die physikalisch-chemische Gesellschaft zu Würzburg, 1896; deren einschlägige Sitzungsberichte sind nachgedruckt in „Klassiker deutschen Denkens“, Freiburg 1992, S. 204-222.

15 Life Nr. 27 v. 6. April 1896 (S. 313)

16 McClures Magazine Vol. VI No. 5, April 1896; darin u.a. ein Aufsatz von H. J. W. Dam: „The New Marvel in Photography“

17 1895 hatte der frisch aus dem Gefängnis entlassene sog Anwärter auf das Tichborne-Erbe, der 1875 wegen Meineids verurteilt worden war, in der Zeitschrift „The People“ eingeräumt, in Wirklichkeit eben nicht der verschollene Roger Tichborne, sondern Arthur Orton (oder Thomas Castro?) zu sein. Die Tichborne-Affäre war einer der größten Schauprozesse der viktorianischen Ära und spaltete die Nation in gläubige Anhänger und glühende Gegner.

gesteckt, und damit würde er jeden großspurigen deutschen Kaiser leicht zweimal zum Schweigen bringen. Mr. Spink würde natürlich ebenfalls zufrieden sein und seine Anzeige, auf nachdrücklichen Wunsch unseres Außenministeriums, sofort zurückziehen. Ich nahm mir vor, ihn morgen in den Yard zu bestellen – in den Räumlichkeiten der Behörde wäre er sicherlich leichter zu beeindrucken – und ihm sein Juwel vor Zeugen, möglichst gar in Anwesenheit des Superintendent, zurückzugeben. Die Gesichter von Jones und Lestrade möchte ich dabei sehen!

Derweil ich so angenehm vor mich hin träumte, erreichte der Zug London. Das Gesicht von Lestrade sollte ich schneller sehen als erwartet.

***

Als der Zug in den Bahnhof einfuhr, erwarteten uns nämlich schon die Herren Inspektoren Gregson und Lestrade. Das war durchaus ungewöhnlich, da beide nicht gerade gut miteinander auskamen; aber da sie wohl nicht erwarten konnten, mit Mr. Holmes zu sprechen, standen sie in ungewohnter Eintracht am Bahnsteig. Lestrade schoss sofort auf uns zu.

„Wir haben ihn, Mr. Holmes! Sie werden es nicht für möglich halten: Es war der Butler!“

„Jenkins? Sie reden über den versuchten Einbruch in Knightsbridge? Das kann ich nicht glauben. Warum denn nicht gleich der Gärtner, Lestrade?“

„Ich kann es auch kaum glauben, aber unsere Befragungen haben übereinstimmend ergeben, dass das Dienstmädchen die Streichhölzer am vorherigen Abend vom Butler bekam. Darüber kann es gar keinen Zweifel geben. Dass dieser Jenkins freilich so schamlos seine Stelle riskiert, nachdem er schon Jahrzehnte in des Lords Diensten stand, ist schon unerhört! Man sollte es nicht für möglich halten, kann eben niemandem mehr trauen."

„Nun, dann halten Sie es doch einfach nicht für möglich, Lestrade! Haben sie ihn denn gefragt, woher er das belastende Streichholzheftchen hatte?"

„Wo denken Sie hin, Mr. Holmes! Selbstverständlich haben wir das getan. Nun, er sagt, er erinnert sich nicht daran, aber für Scotland Yard ist die Sache klar."

Sherlock Holmes und ich tauschten einen Blick; er nickte mir kurz zu.

„Nun, dann tun Sie, was Sie nicht lassen können, Lestrade. Ich fürchte, Ihr Kollege hier hat es ausgesprochen eilig – nun, Gregson, dann sagen Sie mal, was die Spezialabteilung für ein Problem mit dem Kutter ‚Alicia' hat. Kommen Sie, gehen wir am besten gleich in Ihr Büro, dort können Sie mir alles erzählen."

Gregson zog Holmes mit sich fort. „Und ich?" rief Dr. Watson hinterher.

Holmes drehte sich nochmals kurz um: „Sie würden mir einen großen Gefallen tun, wenn Sie unsere Sachen mit der Droschke in die Baker Street verfrachten würden, Watson. Diesen famosen Röntgenapparat muss ich doch meiner Sammlung einverleiben."

Dr. Watson seufzte.

***

Lestrade war in sehr aufgeräumter Stimmung. Gemeinsam fuhren wir in einem Hansom zurück zum Yard.

„Erfolg auf der ganzen Linie, was, Hopkins? Ich sehe es Ihrem Gesicht an. Ja, auch ich habe es geschafft. Lord Castlepool wird zufrieden sein."

„Gratuliere, Lestrade. Ich wüsste, wie sie die Zufriedenheit seiner Lordschaft noch steigern könnten."

„Ach ja? Wie denn?"

„Indem Sie den Butler freilassen und ein ernstes Wort mit dem Lord reden. Jenkins war es nicht.“

„Was Sie nicht sagen! Woher wollen Sie das denn wissen?“

„Bedenken Sie doch nur, mein lieber Lestrade, die ganze Geschichte ist von vornherein höchst merkwürdig: Wie konnte der Einbrecher nur so schnell verschwinden? Warum hat ihn niemand auf der Flucht gesehen? Und warum hätte der langjährige Butler des Hauses ein solches Risiko eingehen und sich dabei noch dazu dermaßen ungeschickt anstellen sollen? Er hätte doch leicht „zugreifen“ können, ohne das ganze Haus aufzuwecken.“

„Schon, aber wer soll es dann gewesen sein?“

„Natürlich derjenige, der ihm die Streichhölzer gegeben hat und der im Nonpareil-Club verkehrt, was auf Jenkins ganz gewiss nicht zutrifft.“

Lestrade sah mich mit offenem Mund an. Ich fuhr fort:

„Es ist ihm zwar entfallen, aber wenn Sie ihm etwas auf die Sprünge helfen, wird sich Jenkins zweifellos daran erinnern, dass es der Neffe des Lords war, der ihm das bewusste Streichholzheftchen gab. Bedenken Sie, Lestrade, der Butler lief nach draußen und traf den Neffen im Garten. Wo war der wohl so plötzlich hergekommen? Aus dem Raucherzimmer wohl kaum. Dann zündete Jenkins einen Kerzenleuchter an, oder genauer, sie beide zusammen taten dies. Dafür braucht man nämlich mindestens drei Hände: einer hält die Kerzen, und der andere reißt die Streichhölzer an.“

„Und wie kommen Sie darauf, dass es ausgerechnet die Streichhölzer des Neffen gewesen sein sollen?“

„Das ist der springende Punkt. Man wird es ihm nicht nachweisen können, aber haben Sie bei Ihrem überraschenden Besuch heute morgen nicht bemerkt, dass der Neffe in der Tasche des Mantels, den er übrigens auch nach dem Einbruch im Garten trug, zwar Zigaretten, aber keine Streichhölzer bei sich hatte? Das ist doch seltsam.“

„Seltsam, ja, So, wie Sie die Geschichte erzählen, leuchtet sie mir ein, aber für eine Verhaftung wird das kaum ausreichen, geschweige denn für eine Verurteilung.“

„Das stimmt allerdings. Selbst wenn Sie am Tatort weitere Spuren von ihm finden, wird man diese wohl kaum der exakten Tatzeit zuordnen können. Er kann sich immer darauf hinausreden, dass er als Haushaltsmitglied ohnehin des öfteren im Salon war. Ich glaube, aus diesem Grund hat Mr. Holmes auch keine weiteren Indizien beachtet. Und eben deswegen sollten Sie unbedingt ein Gespräch unter vier Augen mit Lord Castlepool führen: Ich glaube, wenn er den Umgang und die finanziellen Verhältnisse seines Neffen stärker überwacht, wird er womöglich manches finden, das ihm gar nicht gefällt. Im Nonpareil-Club wird viel Karten gespielt, soweit ich weiß.“

„Hm! Das ist wohl in der Tat eine Sache, die der Haushalt in Knightsbridge lieber intern regeln sollte. Keine Angelegenheit für eine Jury. Dass ich an den sauberen Herrn Neffen nicht früher gedacht habe! Gerade der Neffe eines Lords sollte doch wohl über jeden Verdacht erhaben sein …“

„Die Zeiten ändern sich, Lestrade. Auch ich musste gerade lernen, dass die soziale Stellung und das gesellschaftliche Ansehen der Menschen nur noch wenig mit ihrer Gesetzestreue zu tun hat. Von ihrem Anstand ganz zu schweigen.“

***

Ich sollte vielleicht noch hinzufügen, dass ich von da an bei Scotland Yard als zuverlässiger Inspektor galt. Auf einmal war ich nun nicht mehr das „Greenhorn“, sondern ein „alter Hase“; und das, obwohl kaum jemand im Yard von den Details der Affäre erfuhr, an der ich ohne Sherlock Holmes zweifellos gescheitert wäre. Ach ja, und was die Röntgenfotografie angeht, die wurde kurz danach so weithin bekannt, dass sie bald zur allgemeinen Unterhaltung beitrug. Ich erinnere mich, dass ich noch im gleichen Jahr für ein paar Shilling eine öffentliche Demonstration der sensationellen X-Strahlen in der St. James's Hall besuchen konnte.[18] – Gerade sind wieder ein paar Granaten in unserem Schützengraben eingeschlagen. Die Hunnen machen Rabatz, muss Schluss machen. Der Colonel hat einen neuen Angriff für Mitternacht angeordnet.

---

18 Veranstaltet von T. C. Hepworth, der Eintritt betrug 2d 6p, zwei Vorstellungen täglich.

Die Gentlemen bitten zum Dinner

Ein ganz gewöhnliches Drama in drei Akten

Das gespannte Verhältnis von Conan Doyle zu Sherlock Holmes beruht durchaus auf Gegenseitigkeit. Dr. Watson sitzt taktvoll zwischen Baum und Borke, was er gewohnt ist – und eine souveräne Mrs. Hudson entpuppt sich als die wahre Herrin des Hauses.

Dramatis personae

Sherlock Holmes
Doktor Watson
Mrs. Hudson, Vermieterin und Haushälterin
Billy, der Page
Arthur Conan Doyle

Ort: Wohnzimmer von Sherlock Holmes und Dr. Watson in der Baker Street 221b

1. Akt

1. Szene

Sherlock Holmes & Dr. Watson nach dem Frühstück. Mrs. Hudson räumt ab und exit.

Holmes: *(geht zum Kamin, stopft sich die Pfeife)* Ich werde Sie wohl nicht davon abhalten können, Watson, aber Sie hätten mich doch wenigstens vorher fragen können, wenn Sie Besucher empfangen wollen. Speziell diesen Besucher.

Watson: *(lässt sich nicht verblüffen)* Soll ich jetzt etwa ausrufen: „Holmes! Woher wissen Sie, was ich eben gerade gedacht habe?" Das grenzt überhaupt nicht an Zauberei. Selbst für mich ist Ihre Kette logischer Schlussfolgerungen offensichtlich: Seit Tagen schreibe ich an einem Manuskript, was Ihnen wohl kaum entgangen sein kann. Gestern habe ich es eingepackt und Billy damit zur Post geschickt. Heute morgen bekam ich in Ihrer Anwesenheit ein Telegramm zur Antwort. Den Rest kann man sich leicht denken, es ist ja schließlich nicht das erste Manuskript von mir, das veröffentlicht werden soll.

Holmes: Und nicht zu vergessen die Spiegeleier! Sie wissen ja, oftmals haben die geringsten Kleinigkeiten die größte Aussagekraft.

Watson: Wenn zwei Personen über längere Zeit hinweg häufig zusammen frühstücken, wobei die Eier meistens in der von Person 1 bevorzugten Variante A zubereitet werden, plötzlich jedoch auf ausdrücklichen Wunsch dieser Person 1 ausnahmsweise in der von Person 2 bevorzugten Variante B, dann ist das ein ziemlich offensichtliches Signal von Person 1 an Person 2 dahingehend, dass dieses Entgegenkommen, so unbedeutend es auch sein mag, die Person 2 etwas milder stimmen möge.

Holmes: Bravo, Watson! Sie können es also doch!

Watson: Ich befürchte nur, wenn ich in diesem Stil schreiben würde, würde die Auflage des „Strand Magazine“ noch unter die Ihrer diversen Monographien sinken; mal ganz davon abgesehen, dass die gute Mrs. Hudson wohl gar nicht kapiert hätte, was ich von ihr will! Im übrigen bilde ich mir natürlich nicht ein, dass das bloße Servieren der Spiegeleier, so wie Sie sie mögen – „sunny side up“ statt beidseitig gebraten wie sonst – Ihren Missmut ernsthaft besänftigt.

Holmes: Ich habe mich ja inzwischen, wenn auch höchst ungern, damit abgefunden, dass Sie als williger Handlanger eines unterhaltungssüchtigen Publikums romantische Erzählungen statt logischer Traktate mit wissenschaftlichem Erkenntniswert präsentieren. Das meinte ich vorhin, als ich sagte, ich werde Sie wohl nicht davon abhalten können. Aber muss das ausgerechnet hier sein? Die Spiegeleier pflegt Mrs. Hudson nur dann einseitig zu braten, wenn sie mal wieder der Meinung ist, ich esse zu wenig (was momentan aber nicht der Fall ist) oder wenn Sie diesen unbequemen Gast empfangen.

Watson: Mir ist er keineswegs unbequem, Holmes, und dies ist schließlich auch mein Wohnzimmer. Wenn Sie hier ständig Ihre Klienten begrüßen, dann kann ich auch (selten genug) meinen Agenten hier treffen.

Holmes: Touché, Watson! Wo Sie recht haben, da haben Sie leider recht. Wann erwarten Sie ihn denn?

Watson: In wenigen Minuten müsste er schon hier sein.

Holmes: Dann nutze ich lieber die Gelegenheit, ein paar Forschungen im Lesesaal des Britischen Museums anzustellen.

(steht auf, zieht Cape und Mütze an)

Bis später, Watson. Versuchen Sie, sich diesmal an die Fakten zu halten.

(exit Sherlock Holmes)

2. Szene

(Hintergrundgeräusche: Klingeln und Schritte auf der Treppe. Stimmen: „Guten Tag, Sir." – „Guten Tag und auf Wiedersehen, Sir.", init Arthur Conan Doyle)

Doyle: Guten Morgen, Dr. Watson. Sehr erfreut, Sie zu sehen.

Watson: Guten Morgen, Dr. Doyle! Ich freue mich ebenfalls. Mr. Holmes lässt sich entschuldigen. Nehmen Sie doch bitte Platz.

Doyle: Ich fürchte, Ihr berühmter Mitbewohner hält nichts von den Geschichten, die ihn erst berühmt machen.

Watson: Nehmen Sie es ihm bitte nicht übel. Darf ich Ihnen einen Tee anbieten?

Doyle: Nein danke. Ehrlich gesagt will ich gar nicht lange bleiben. Und Ihrem Mr. Holmes nehme ich gar nichts übel, so lange er uns weiterhin – wenn auch unfreiwillig – mit interessantem „Stoff" versorgt. Ich mache mir sogar einen Spaß daraus, seine oftmals harsche Kritik an unseren kleinen Publikationen in diese einzubauen.

Watson: Und ich könnte mir vorstellen, dass ihn genau das am meisten ärgert, was er natürlich nie zugeben würde.

Doyle: Die Hauptsache ist doch, dass die Geschichten beim Lesepublikum gut ankommen. Und die Leute mögen nun mal Spannung vor Logik. Übrigens glaube ich nicht, dass es dem großen Detektiv da anders geht: Er nimmt ja auch nur die Fälle an, die er spannend findet.

Watson: Wohl wahr, und er macht es selber gerne spannend.

Doyle: Wer seine Mitmenschen gerne auf die Folter spannt, mag es oft gar nicht, selber auf die Folter gespannt zu werden … Aber das kann ich natürlich nicht beurteilen, schließlich kenne ich ihn ja kaum. Lassen Sie uns lieber zur Hauptsache kommen.

Watson: Sie haben mein Manuskript sicherlich erhalten?

Doyle: Und gelesen, selbstverständlich. Deswegen bin ich ja hier. Sonst ziehe ich es vor, diese Räumlichkeiten nicht zu betreten.

Watson: Und, was halten Sie davon?

Doyle: Die Redaktion wird davon begeistert sein, wie üblich – wenn man es, auch wie üblich, geringfügig überarbeitet.

Watson: Sie haben Verbesserungsvorschläge?

Doyle: Allerdings. Sie wissen ja, meiner Meinung nach halten Sie sich viel zu sehr an die Fakten.

Watson: Nun ja …

Doyle: Und Sie erzählen viel zu chronologisch, das habe ich Ihnen schon oft gesagt. Ihre Tagebücher in allen Ehren, aber hier geht es darum, eine Geschichte zu erzählen und nicht um historische Dokumente.

Watson: Mag sein. Aber dafür habe ich ja zum Glück Sie.

Doyle: Vor allem dürfen Sie die wichtigen Informationen nicht zu früh preisgeben.

Watson: Also, das hätte ich nun wirklich schon längst von Sherlock Holmes lernen können!

Doyle: Es sind aber nur ein paar Kleinigkeiten, wenn auch sehr wichtige, ja von entscheidender Art. Wenn wir den einen oder anderen Passus einfach verschieben oder zur Not ganz streichen, die Namen und Daten etwas durcheinander würfeln … Ich habe die hauptsächlichen Verbesserungen bereits vorgenommen, Sie kennen das ja.

Watson: Tja, es ist nicht das erste Manuskript von mir, das Sie zur Veröffentlichung vorbereiten, und ich bin Ihnen durchaus dankbar dafür. Gewiss werden Sie das schon ganz richtig machen, auch im Sinne der Redaktion des „Strand". Um welche Änderungen handelt es sich denn?

Doyle: Das würde ich gerne mit Ihnen in, verzeihen Sie, einer angenehmeren Umgebung besprechen. Eine gewisse, hm, Unordnung stört mich zwar keineswegs, aber an der frischen Luft lässt sich doch besser arbeiten, finden Sie nicht?

Watson: Ich fürchte, der Geruch von kaltem Tabaksqualm und chemischen Experimenten hat sich hier überall so festgesetzt, dass ich ihn schon kaum mehr bemerke. Was halten Sie von einem kleinen Serpentinen-Rundgang?

Doyle: Mit Vergnügen. Also auf zum Hyde Park! Danach würde ich Sie gerne auf einen Mokka bei Goldini's einladen. Dort können Sie ganz in Ruhe die von mir überarbeitete Endfassung des Textes lesen, die ich anschließend – Ihr Einverständnis vorausgesetzt – heute Nachmittag persönlich beim „Strand Magazine" einreichen werde.

Watson: Einverstanden. Ich schätze Ihre Kooperation sehr. Lassen Sie uns gehen!

(exeunt Dr. Watson & Arthur Conan Doyle)

3. Szene

(init Sherlock Holmes)

Holmes: Die beiden sind schon wieder weg? Um so besser. *(hängt Mantel und Mütze auf, setzt sich an den Kamin; öffnet Briefe und liest)* Mrs. Hudson! *(spießt die gelesenen Briefe mit dem Taschenmesser an den Kaminsims)*

(init Mrs. Hudson)

Holmes: Sie können gleich den Lunch servieren.
Hudson: Dr. Watson lässt ausrichten, Sie brauchen nicht auf ihn zu warten.
Holmes: Das hatte ich auch nicht vor.
Hudson: *(rührt sich nicht vom Fleck)*
Holmes: Das wär's, danke, Mrs. Hudson.
Hudson: *(rührt sich immer noch nicht)*
Holmes: Mrs. Hudson!
Hudson: *(verschränkt die Arme vor der Brust)*
Holmes: *(seufzt)* Womit habe ich das nur verdient? Sie machen ja ein Gesicht wie sieben Tage Regenwetter! Offensichtlich wollen Sie mir mal wieder eine Standpauke halten. Nun gut, dann reden Sie schon.
Hudson: Sir, Mr. Holmes, es ist mir eine Ehre, Sie als Mieter zu beherbergen. Darum sage ich nichts, wenn Sie Löcher in die Wand schießen oder zu

unchristlichen Zeiten die sonderbarsten Gäste empfangen …

Holmes: … beispielsweise die Herren von Scotland Yard …

Hudson: … doch muss ich Sie leider ab und zu daran erinnern, dass dieses Haus immer noch mir gehört.

Holmes: Daran habe ich nie gezweifelt.

Hudson: Und als Besitzerin und somit Hausherrin sage ich Ihnen, dass ich mich ebenso geehrt fühle, dem Schriftsteller Dr. Watson ein Heim zu bieten, wie dem großen Detektiv Mr. Holmes.

Holmes: Was Sie nicht sagen!

Hudson: Und deswegen erlaube ich mir, Sie zu warnen: Wahrscheinlich merken Sie es nicht mal, aber Sie sind drauf und dran, den guten Dr. Watson zu vergraulen.

Holmes: Meine liebe Mrs. Hudson, gewöhnlich merke ich alles, was es zu bemerken gibt.

Hudson: Eben nicht, wenn Sie Ihren Freund wie ein Möbelstück behandeln. Haben Sie jemals darüber nachgedacht, welche Mühen Dr. Watson auf sich nimmt, von den Gefahren ganz zu schweigen?

Holmes: Ich bin gewiss der erste, der das anerkennt.

Hudson: Und trotzdem putzen Sie ihn regelrecht herunter! Ich wette, Sie haben noch nie eines seiner Manuskripte, die Sie so heftig kritisieren, auch nur gelesen!

Holmes: Ich pflege meine Zeit nicht mit Sensationsliteratur vom Schlage des „Strand“ zu verschwenden. Ein flüchtiger Blick genügte mir, um zu erkennen, dass die logischen Feinheiten, auf die es bei einer Untersuchung ankommt, in solch einem Machwerk keine Rolle spielen, was ich höchst bedauerlich finde und äußerst kritikwürdig.

Hudson: Gerade Ihre Untersuchungen hätten Sie lehren sollen, dass ein flüchtiger Blick nie genügt. Ich sprach von den Original-Manuskripten Ihres Freundes, nicht von den Veröffentlichungen im „Strand Magazine“.

Holmes: Besteht denn da ein Unterschied?

Hudson: Selbstverständlich! Ich habe auf ausdrücklichen Wunsch Ihres Freundes beide gelesen und verglichen. Und ich darf Ihnen sagen, Dr. Watson gibt sich größte Mühe, Ihren Anforderungen gerecht zu werden – und das durchaus mit Erfolg.

Holmes: So? Dann ist es sein literarischer Agent, dieser Doyle, der die Fälle so verhunzt? Ich dachte immer, seine Eingriffe seien lediglich redaktioneller Natur, wenn überhaupt.

Hudson: Auch dem ehrenwerten Dr. Doyle tun Sie unrecht, Mr. Holmes.

Holmes: Nun machen Sie aber einen Punkt, Mrs. Hudson!

Hudson: Ohne die langwierige, geduldige und aufopferungsvolle Arbeit von Dr. Watson wäre kein einziger Ihrer zahlreichen Fälle zur Veröffentlichung aufbereitet worden. Und ohne die glänzende, bildhafte und lebendige Bearbeitung durch Dr. Doyle hätten Dr. Watsons trockene Berichte wohl kaum die zahlreichen Leser und Bewunderer gefunden, die nicht nur den Verleger des „Strand“, sondern auch Sie wohlhabend und berühmt machen.

Holmes: Ich kann auf Ruhm gut und gerne verzichten.

Hudson: Es steht Ihnen natürlich frei, zurück in die Montague Street zu ziehen. Ich sage nur so viel: Ohne die Anstrengungen der Herren Doyle und Watson wären Sie nicht halb so bekannt wie jetzt und hätten nicht den Luxus, sich Ihre Fälle aussuchen zu können!

Holmes: Diesen Luxus, wie Sie es nennen, würde ich mir wohl immer erlauben. Dennoch kann ich mich Ihrem Argument nicht völlig verschließen.

Hudson: Na bitte! Dass man Sie kennt oder von Ihnen gehört hat, ist eine Sache. Dass die Leute sich eine Vorstellung von Ihnen machen können und Ihnen wahre Wunderdinge zutrauen, ist eine andere Sache. Und das verdanken Sie nur diesen beiden Gentlemen.

Holmes: Mag sein, dass Sie recht haben. So lästig mir mein Bekanntheitsgrad manchmal ist, so muss ich doch zugeben: Selbst die trivialsten Presseerzeugnisse können ganz nützlich sein, sofern man sich ihrer richtig zu bedienen weiß. Nun gut, ich werde mir das durch den Kopf gehen lassen.

Hudson: Das genügt wohl kaum. Sie sollten sich ernsthaft bei Dr. Watson entschuldigen.

Holmes: Fällt mir gar nicht ein!

Hudson: Sollte Dr. Watson ausziehen, Sir, glaube ich kaum, dass ich großen Wert darauf lege, Sie als alleinigen Mieter hier zu behalten. Die Zeiten Ihrer – sagen wir – übergroßen Exzentrik, als der Doktor verheiratet war, sind mir noch in allzu lebhafter Erinnerung.

Holmes: Watson würde mich, dieses Haus, nie verlassen! Da brauchen Sie sich gar keine Sorgen zu machen.

Hudson: Ihr Wort in Gottes Ohr, Mr. Holmes, Ihr Wort in Gottes Ohr.

(exit Mrs. Hudson)

(Vorhang)

2. Akt

4. Szene

(Holmes allein im Sessel vor dem Kamin, umgeben von Papierstapeln; qualmt vor sich hin und führt Selbstgespräche)

Holmes: Hm … bemerkenswert, in der Tat … wenn nicht gar … erstaunlich! Eine ziemlich vollständige und korrekte Dokumentation, die der fleißige Watson da kompiliert hat. Doch, doch, gar nicht soo schlecht. Zwar nicht gerade logisch subtil, aber wenigstens systematisch. Immerhin. Ich glaube fast, unsere Mrs. Hudson hat recht und ich war ein wenig ungerecht zu Watson, wenn man sich mal seine Entwürfe genauer ansieht. *(nimmt ein anderes Blatt zur Hand)* Allerdings etwas umständlich und zäh, Watsons Ergüsse. Zumindest im Vergleich mit dem, was dieser Doyle daraus gemacht hat. Na ja, oberflächlich und fehlerhaft, was will man von so einem Schreiberling anderes erwarten? Aber dafür flüssig zu lesen. Ich würde sagen, zu flott. Dass diese Vielschreiber auch immer den zweiten Schritt vor dem ersten machen müssen! Da fehlt einfach Struktur, eine logische Ordnung! Es weiß ja kein Mensch, was Axiom, was Prämisse, was Konklusion sein soll! Ein Wunder, dass das „Strand Magazine“ solchen Schund druckt, Aber auch wieder kein Wunder, dass es die Originale aus der Feder des guten Watson nicht druckt. Hm! Was soll man da machen? Das ist ein verflixtes was-weiß-ich-wieviel-Pfeifen-Problem! *(pafft wie ein Schlot)* Ich war wohl wirklich etwas grob zu Watson. Aber wenn ich mich entschuldige, fühlt er sich nur bestärkt, Dr. Doyle noch mehr freie Hand zu lassen. Was Lestrade zu wenig an Phantasie hat, hat dieser Doyle einfach zu viel! Man müsste ihn mehr auf den Boden der Tatsachen holen. Vielleicht könnte man sich doch mit ihm arrangieren, dumm ist er ja nicht. Nur dermaßen sorglos, dass es schon schlampig ist. Ich glaube, unter Gentlemen sollte man sich doch einigen können … Warum eigentlich nicht? Ein Versuch kann nicht schaden! Ich habe da eine Idee … Billy! *(lauter)* Billy!

(init Billy)

Billy: Schon da, Mr. Holmes!

Holmes: Warte mal einen Moment. *(schreibt auf ein Blatt Papier)* Pass auf, Junge: Geh’ zur Post und schicke diese Zeilen als Telegramm an Dr. Conan Doyle, der heute morgen hier war, Du erinnerst Dich?

Billy: Jawohl, Sir. Ich habe sogar seine Adresse im Kopf, Sir, weil ich nämlich öfters für Dr. Watson …

Holmes: *(unterbricht ihn)* Schon gut, Billy. Bitte gleich um Rückantwort und warte darauf. Wenn Dr. Doyle zustimmt, wovon ich ausgehe, dann kommst Du schnellstens zurück und richtest Mrs. Hudson folgendes aus: Ich habe Ihren Rat beherzigt und bitte Sie, heute Abend ein erstklassiges Dinner für drei Personen vorzubereiten. Wir erwarten einen Gast. Alles klar, mein Junge?

Billy: Selbstverständlich, Mr. Holmes, Sir! Bin schon weg!

(exit Billy)

Holmes: Das verspricht ein interessanter, wenn auch etwas anstrengender Abend zu werden …

(exit Sherlock Holmes)

5. Szene

(init Watson)

Watson: Ah, Holmes ist wohl noch unterwegs, *(lachend)* auf der Flucht vor Conan Doyle.

(init Sherlock Holmes)

Holmes: Da sind Sie ja wieder, mein lieber Watson. Es kann keine Rede davon sein, dass ich Dr. Doyle aus dem Wege gehe – auch wenn es stimmt, dass ich ihn nicht besonders mag. Aber er ist nun mal ihr Kollege, in mehr als einer Hinsicht; und daher habe ich mich entschlossen, den Stier quasi bei den Hörnern zu packen.

Watson: Aha! Und was genau soll das heißen, Holmes?

Holmes: Nun, da ich Ihren literarischen Schaffensdrang nicht aufhalten kann – und auch nicht aufhalten sollte, wenn ich ehrlich bin –, will ich halt versuchen, ihn in geregelte Bahnen zu lenken. Bisher habe ich, wie es scheint, stets den falschen kritisiert; dafür muss ich Ihnen Abbitte leisten, Watson. Nun will ich mich direkt mit Ihrem Literaturagenten und Mitautor ins Benehmen setzen.

Watson: Sie setzen mich in Erstaunen, Holmes. Halten Sie das für so eine gute Idee?

Holmes: Nun, zwei intelligente Gentlemen sollten sich doch miteinander verständigen können. Und ich halte Dr. Doyle durchaus für vernünftig, wenn auch für etwas – wie soll ich sagen – ungenau in wichtigen Details. Oberflächlich und flüchtig.

Watson: Und was gedenken Sie dagegen zu unternehmen?

Holmes: Nun, man muss ihn wahrscheinlich nur darauf aufmerksam machen, dass es oftmals auf die Kleinigkeiten ankommt. Er aber ändert an Ihren Manuskripten genau die falschen Dinge und verschlimmbessert sie dadurch eher.

Watson: Heißt das etwa, dass meine Manuskripte doch gar nicht so schlecht sind, wie Sie immer behaupten, Holmes?

Holmes: Nun, ich muss zugeben, dass ich in meiner Kritik vielleicht hie und da etwas über das Ziel hinausgeschossen bin.

Watson: *(etwas steif)* Danke, Holmes, ich bin Ihnen sehr verbunden. Und nun haben Sie also Dr. Doyle im Visier?

Holmes: Ich habe mir erlaubt, ihn für heute Abend zum Dinner einzuladen, und bin überzeugt, dass er mit sich reden lässt.

Watson: *(beiseite)* Na das kann ja heiter werden. *(lauter, direkt an Sherlock Holmes gewandt)* Er ist zweifellos jemand, mit dem man reden kann. Ob er sich aber von Ihnen ins Handwerk … hineinreden lässt, das steht auf einem anderen Blatt.

Holmes: Nun, er wird doch sicherlich anerkennen müssen, dass ich mir Mühe gebe, ihm entgegen zu kommen. Übrigens, Watson, halte ich es für besser, wenn ich zunächst ein paar Worte mit ihm unter vier Augen rede, Sie verstehen.

Watson: Wie Sie wünschen, Holmes. Ich ziehe mich gerne so lange zurück – liebend gerne sogar.

Holmes: Nach dem Dinner setzen wir uns dann zusammen und besprechen alles. Das bin ich Ihnen schuldig, Watson.
Watson: Sehr großzügig, Holmes.
Holmes: Bis dahin ist ja noch Zeit, so lange kann ich noch ein paar chemische Untersuchungen anstellen, mit Ihrer Erlaubnis.
Watson: *(eilig)* Tun Sie das, Holmes, tun Sie das! Ich werde derweil die gute Mrs. Hudson fragen, wie weit Sie mit den Vorbereitungen ist. Vielleicht sollte ich auch noch den Weinkeller inspizieren.

(exit Dr. Watson)

(Sherlock Holmes beginnt mit seinen Experimenten. Es kracht, zischt und blitzt.)

6. Szene

(Es klopft. Sherlock Holmes lässt sich nicht stören. Es klopft erneut, diesmal lauter.)

Holmes: Kommen Sie nur herein, Dr. Doyle!

(init Arthur Conan Doyle)

Holmes: Es freut mich, dass Sie meine Einladung so kurzfristig annehmen konnten.

Doyle: Es ist mir eine Ehre, Mr. Holmes, wenn ich auch nicht verhehlen kann, dass ich leicht verwundert bin ob dieser Ehre.

Holmes: Nehmen Sie doch bitte hier im Sessel Platz. Dr. Watson wird gleich zurück sein, und dann wollen wir gemeinsam dinieren. Bis dahin kann ich Ihnen kurz erläutern, was mich zu dieser unerwarteten Maßnahme bewogen hat.

Doyle: *(setzt sich)* Ich bin ganz Ohr!

Holmes: Watson hat Sie vielleicht schon darauf aufmerksam gemacht, dass ich mit der Wirkung seiner zahlreichen Berichte über unsere kleinen gemeinsamen Abenteuer nicht ganz … glücklich bin.

Doyle: So etwas hat er angedeutet, ja.

Holmes: Obwohl er sich redliche Mühe gibt, scheint es ihm doch nicht recht gelingen zu wollen, die hohe Kunst detektivischer Deduktion so instruktiv darzulegen, wie es angemessen und wünschenswert wäre. Aber Sie, als sein Agent und Koautor, Sie sind doch sowohl literarisch erfahren als auch wissenschaftlich gebildet …

Doyle: Zu viel der Ehre, Mr. Holmes.

Holmes: Daher dachte ich mir, Sie könnten und sollten es sich zur Aufgabe machen, seinen im Ansatz gar nicht so üblen Manuskripten den fehlenden letzten Schliff zu geben. Dazu müssten Sie Ihren redaktionellen Eingriffen nur eine andere Richtung geben.

Doyle: Ich wüsste nicht, welche. Mr. Greenhough Smith, der Redakteur des „Strand Magazine“, ist jedenfalls mehr als zufrieden.

Holmes: Genau das ist ja das Problem! Was versteht so ein Smith denn schon von Deduktion? Die breite Masse wird zufrieden gestellt, unter völligem Verlust der Subtilität meiner Schlussfolgerungen. Statt sich mit Banalitäten abzugeben sollten es Ihre vornehmste Aufgabe sein, logische Finessen herausarbeiten.

Doyle: Und was heißt das bitteschön konkret? Es steht Ihnen selbstverständlich frei, die gemeinschaftliche Arbeit von Dr. Watson und mir als trivial abzutun – aber das sagt ja nichts darüber aus, wie es denn besser zu machen wäre, Ihrer Ansicht nach.

Holmes: Nun, es sind vor allem drei Bereiche, wo Sie mit geringem Aufwand wesentliche Verbesserungen erzielen könnten, wenn Sie nur wollten: Das ist erstens die Genauigkeit aller Daten und Fakten …

Doyle: … die aus Gründen des Diskretion zu verschleiern doch Ihr eigener Wunsch war, wenn ich recht informiert bin!

Holmes: Wohl, aber das rechtfertigt nicht Ihre willkürlichen, ja zufälligen Änderungen. Trotz allem muss die logische Konsistenz gewahrt bleiben. Zweitens ist die gewollte Dramatik Ihrer Schilderungen ungeeignet, den exemplarischen Charakter der Fälle zu zeigen.

Doyle: *(trocken)* Verzeihen Sie, Mr. Holmes, aber in Sachen Dramatik brauche ich Dr. Watsons Manuskripten glücklicherweise kaum etwas hinzuzufügen. In der Regel sind Sie nämlich derjenige, der schon genügend – wenn ich so sagen darf – theatralische Momente in den Ablauf der Ereignisse bringt.

Holmes: *(geht über den Einwand glatt hinweg)* Und nicht zuletzt stören romantische Elemente die Klarheit der Deduktion; ja ich wage sogar zu sagen, mit Romantik verkleistern Sie geradezu die Logik!

Doyle: Kaum. Bedenken Sie bitte, dass die Beweggründe und Gefühle der beteiligten Personen immer auch eine unverzichtbare Grundlage Ihrer Schlussfolgerungen darstellen. Die Psychologie der Täter, der Opfer und der Zeugen ist ein Teil der Handlung, den man unmöglich weglassen kann. Daher gehören die romantischen Elemente, wie Sie sie zu nennen belieben, einfach dazu: Ohne sie bliebe gerade die Logik, auf die Sie doch so großen Wert legen, unverständlich.

Holmes: *(leicht verblüfft)* Ein erwägenswertes, aber nicht auf Anhieb überzeugendes Argument.

Doyle: In den meisten Fällen sind die Beziehungen der Protagonisten untereinander durchaus Voraussetzung und Gegenstand logischer Schlussfolgerungen; soweit sie es allerdings (ausnahmsweise) *nicht* sind, handelt es sich um eine dichterische Zutat, die der Logik keineswegs widerspricht.

Holmes: Nicht widerspricht, aber davon ablenkt. Ich schlage jedoch vor, dass wir das nach dem Essen gemeinsam mit Dr. Watson besprechen.
Doyle: *(erleichtert)* Sehr gerne, Mr. Holmes.
Holmes: Ich glaube, Sie werden die exzellenten schottischen Kochkünste unserer geschätzten Mrs. Hudson sehr zu Ihrer Zufriedenheit finden. Inzwischen dürfte sie gewiss so weit sein. *(läutet zweimal)*

(init Billy)

Holmes: Billy, sag' bitte Mrs. Hudson Bescheid, sie möge jetzt das Dinner servieren! Und dann rufe auch Dr. Watson herein.
Billy: Sehr wohl, Sir, sofort!

(exit Billy)

Holmes: Dr. Doyle, darf ich zu Tisch bitten?

(init Dr. Watson)

Watson: Guten Abend, lieber Doktor! Hätte nicht gedacht, dass wir uns so schnell wieder sehen!
Doyle: Eine durchaus angenehme Überraschung, insoweit. Und Mr. Holmes hat mir versichert, dass auch Mrs. Hudson Essenszubereitung höchst erfreulich zu werden verspricht. A propos, die Redaktion des „Strand" war heute Nachmittag nicht minder erfreut über unser fertiges Typoskript.
Holmes: Bleibt zu hoffen, dass ich Anlass haben werde, über Ihrer beider zukünftigen Werke ebenfalls erfreut zu sein.
Watson: Holmes, ich bitte Dich!

Holmes: Ja, nach dem Essen, Watson, nach dem Essen. Da kommt ja schon der gute Geist unseres Hauses.

(Derweil haben alle am Esstisch Platz genommen.)

(init Mrs. Hudson)

Hudson: Dinner wird serviert, die Herren: Gänseleberpastete als Appetithäppchen, Schildkröten-Suppe als Vorspeise, erster Gang Nordsee-Schellfisch, Zwischengang Haggis, zweiter Hauptgang Rebhuhn in Minzsoße, und zum Dessert etwas Cheddarkäse mit Obst. Ich wünsche guten Appetit, Gentlemen!

Alle: Mahlzeit!

(Vorhang)

3. Akt

7. Szene

(Auf dem Tisch die Reste eines üppigen Mahls; init Mrs. Hudson)

Hudson: Ich hoffe, es war alles zu Ihrer Zufriedenheit, Gentlemen?
Holmes: Danke, Mrs. Hudson.
Watson: Köstlich, verehrte Mrs. Hudson, hervorragend.
Doyle: Dem kann ich mich nur anschließen. Vor allem der Haggis war ganz exzellent …
Hudson: *(strahlend)* Das freut mich sehr, lieber Herr Doktor!
Doyle: … wie daheim in den schottischen Gefilden. Wirklich, so guten Haggis habe ich schon lange nicht mehr gegessen.
Holmes: Ich fürchte allerdings, gerade davon habe ich nicht sonderlich viel genommen.
Watson: Nun, es war alles ausgezeichnet.
Hudson: Darf ich nun abräumen, Sir?
Holmes: Ich wäre Ihnen sehr verbunden, wenn Sie dazu später wiederkommen würden, Mrs. Hudson. Wir haben hier noch etwas zu besprechen. Tragen Sie bitte nur die restlichen Speisen ab und lassen Sie das Geschirr bis nachher stehen. Es ist noch etwas übrig von der Gänseleberpastete, die sollten Sie sich schmecken lassen.

Hudson: Wie Sie wünschen, Mr. Holmes, die Herren Doktoren – noch einen angenehmen Abend wünsche ich.

(exit Mrs. Hudson)

Watson: Ich schlage vor, dass wir es uns am Kamin gemütlich machen.

Holmes: Natürlich. Dr. Doyle, darf ich Ihnen einen Whisky, einen Cognac oder einen Sherry anbieten? Ich nehme an, Dr. Watson nimmt wie üblich ein Glas Portwein.

Doyle: Vielen Dank, ich nehme gerne einen trockenen Sherry.

Holmes: Nun, das ist immerhin schon ein Punkt, in dem wir uns einig sind.

Watson: Zigarre? Zigaretten? Schnupftabak oder Pfeifentabak, mein lieber Doktor?

Doyle: Eine Zigarre, bitte sehr.

Holmes: Für mich ebenfalls.

Watson: Und ich stopfe mir eine Pfeife.

(Alle stoßen an und paffen.)

Holmes: Watson, ich habe mit Dr. Doyle bereits besprochen, wie Sie Ihre gemeinsamen Traktate so verbessern könnten, dass Sie der Logik gerecht werden, ohne die Bedürfnisse des Publikums – die mir durchaus bewusst sind – zu ignorieren.

Watson: In der Tat, Holmes?

Doyle: Ich war der Meinung, wir hätten Ihren Scharfsinn und Ihre bestechende Logik stets betont, Mr. Holmes.

Holmes: Zweifelsohne. Aber was ist wahrhafte Logik? Und sind nicht gerade Fehlschlüsse und Irrtümer scheinbar bestechend, für die Masse der Menschen? Jedermann bildet sich ein, er wüsste, was logisch ist – das ist ja gerade das Kreuz mit den Lestrades und Smiths dieser Welt! Aber Logik, meine Herren Doktoren, Logik ist eine hohe Kunst, die man sich hart erarbeiten muss. Logik ist wie Mathematik oder Geometrie, sie verlangt geistige Anstrengung. Der erste Blick, das schnelle Urteil täuscht fast immer (wenn man nicht auf so viel mühsam erworbene Erfahrung zurückgreifen kann wie ich).

Watson: Sollen wir etwa Lehrbücher in angewandter Logik schreiben?

Holmes: Nötig wäre es, mein lieber Watson, nötig wäre es.

Doyle: Ich bin der Meinung, die Erzählung hat ihre eigene Logik.

Holmes: Lassen Sie mich an einem Beispiel erläutern, wie die Fakten oftmals von wilden Spekulationen vernebelt werden. Es gibt da ein allgemein bekanntes, in der Presse weit verbreitetes und bis zum Überdruß entstelltes Rätsel, wo auch Ihre Phantasie, verehrter Dr. Doyle, mit Ihnen durchgegangen ist.

Doyle: Als da wäre, Mr. Holmes?

Holmes: Nun, lassen wir Watsons Schilderungen meiner Fälle zunächst außen vor. Ich glaube, das so genannte Geheimnis der „Mary Celeste“ wäre ein höchst instruktives Exempel.

Doyle: Der „Marie Céleste“? Darüber habe ich in der Tat früher eine kleine Geschichte geschrieben, wenn ich mich recht erinnere mit dem Titel „Der Bericht des Habakuk Jephson “. Das ist aber lange her.[19]

---

19 „J. Habakuk Jephson's Statement“ wurde Januar 1884 anonym im „Cornhill Magazine“ veröffentlicht.

Holmes: Und damit fängt es schon an. Sie verfälschen grundlos den Namen des Schiffs so, dass er heute fast immer falsch zitiert wird.

Watson: Das Geisterschiff hieß also in Wirklichkeit „Mary Celeste“?

Holmes: Genau, nur dass es natürlich absolut kein Geisterschiff war. Solche ungebildeten, abergläubischen Vorstellungen können wir getrost verwerfen.

Watson: Auch ich bevorzuge allemal die wissenschaftliche Erklärung. Aber wie könnte die wohl lauten?

Holmes: Wie so oft ist das Problem hier nicht der Mangel, sondern die Überzahl denkbarer Erklärungen. Es wurde ja seinerzeit alles mögliche durchexerziert und durcheinander spekuliert.

Doyle: Und Sie glauben, Sie hätten die richtige Erklärung gefunden?

Holmes: Ich pflege nicht zu glauben, sondern zu wissen, Dr. Doyle.

Watson: Nun, mein lieber Holmes, wir hören!

Holmes: Rekapitulieren wir zunächst die allgemein bekannten Tatsachen: Die „Mary Celeste“ ist eine Brigantine von nahezu 300 Tonnen und einer Länge von über 100 Fuß. Sie verließ Staten Island, New York, am 5. November 1872 mit Kurs auf Genua, an Bord eine Ladung Industrie-Alkohol in Fässern und eine Besatzung von acht Mann sowie zwei Passagiere: Der Kapitän Benjamin Briggs hatte seine junge Frau Sarah und seine kleine Tochter Sophia Matilda dabei; die Crew bestand aus erfahrenen Seeleuten und war gemischt aus Amerikanern und Deutsch-Skandinaviern. Ausweislich des Logbuchs ging bis zum 24. November alles gut, das Schiff war bereits über die Azoren hinaus. Am 4. Dezember 1872 fand ein anderes Schiff, die „Dei Gratia“ unter Kapitän Morehouse, die „Mary Celeste“ unter vollen Segeln treibend, aber ohne eine Menschenseele an Bord. Die Brigantine war unbeschädigt, die Ladung vollständig. Es fehlte nur ein Rettungsboot. Was konnte den Kapitän, seine Familie und die Crew veranlasst haben, das seetüchtige Schiff zu verlassen? Man hat nie wieder etwas von ihnen gehört.

Watson: Ich erinnere mich. Wir haben dafür nur die Zeugenaussage von Kapitän Morehouse, die teilweise in Zweifel gezogen wurde.

Holmes: Man muss Zeugenaussagen immer in Zweifel ziehen, mein lieber Watson. In diesem Fall haben wir jedoch keinerlei Möglichkeit mehr, eigene Untersuchungen anzustellen. Das heißt, wenn wir die Angaben von Morehouse – die übrigens von seinem Steuermann Deveau und der gesamten Crew bestätigt wurden – verwerfen, dann haben wir gar keinen Fall mehr, mit dem sich irgend etwas anfangen ließen. Unter diesen Bedingungen dürfte man dann gar nichts sagen oder schreiben. *(mit bedeutungsvollem Blick zu Arthur Conan Doyle)*

Doyle: Sie haben uns noch nicht gesagt, wie Sie die Vorfälle erklären würden.

Holmes: *(doziert)* Nun, wenn wir das Übernatürliche als kindisch und abstrus ausschließen, dann gibt es grundsätzlich genau vier denkbare Arten von Erklärungen: entweder Naturkräfte oder menschliches Handeln (nicht zu vergessen Fehlhandeln) als primärer Auslöser, und das jeweils von außerhalb oder innerhalb des Schiffes. Ein Beispiel für eine natürliche Erklärung von außerhalb wäre etwa ein Seebeben oder eine Wasserhose – ein Sturm scheidet ja aus, weil das Schiff völlig intakt blieb. Ein Beispiel für eine Erklärung aufgrund menschlicher Ursachen von innerhalb wäre eine Meuterei auf dem Schiff.

Watson: Wie können wir das ausschließen? Wo immer Menschen aufeinander treffen …

Holmes: Mit absoluter Sicherheit können wir gar nichts ausschließen, Watson. Es gibt jedoch keinen Grund eine Erklärung anzunehmen, die komplizierter ist als unbedingt nötig. Und natürliche Ursachen von innerhalb des Schiffes reichen völlig aus, um die Vorgänge plausibel zu machen, wenn schon nicht mit hundertprozentiger Gewissheit aufzuklären.

Watson: Was könnte die Mannschaft denn dazu gebracht haben, vom sicheren Schiff in ein unsicheres Rettungsboot zu wechseln? Das ist doch so gut wie ausgeschlossen, Holmes!

Holmes: Frauen an Bord, Watson, Frauen! Und bedenken Sie, von der aus 1.700 Fässern[20] bestehenden Ladung stellten sich in Genua am Ende neun als ungeöffnet, aber leer heraus. Sie waren, mit anderen Worten, undicht.

Watson: Davon haben Sie vorhin nichts gesagt, Holmes. Und wenn schon? Nur neun von 1.700 Fässern, das ist doch fast nichts … gerade mal, warten Sie, ein halbes Prozent?

Holmes: „Fast nichts“ gibt es nicht, Watson, wie oft habe ich Ihnen das schon gesagt? Neun Fässer hochprozentiger Industrie-Alkohol, offensichtlich ausgelaufen (denn es ist wohl kaum anzunehmen, dass sie von Anfang an leer waren)?

Watson: Deswegen lässt man doch kein Schiff im Stich!

Holmes: Watson, Watson, warum wohl haben Sie vorhin so glücklich und zufrieden an Ihrem Portwein geschnuppert? Der Duft natürlich! Alkohol setzt Dämpfe frei! Passen Sie auf: Industrie-

20 Hier irrt Holmes, der es doch sonst so genau nimmt. Es waren 1.701 Fässer.

Alkohol ist eine, wenn schon nicht außergewöhnliche, so doch vergleichsweise seltene Ladung, auf jeden Fall keine ungefährliche. Der Kapitän der „Mary Celeste“ wusste dies natürlich, obwohl er zum ersten Mal eine Ladung dieser Art beförderte. Der zweite ungewöhnliche Faktor ist, dass er auf dieser Reise seine Familie mit dabei hatte. Das ließ ihn zweifelsohne übervorsichtig werden.

Watson: Man kann nicht vorsichtig genug sein, Holmes.

Holmes: Manchmal führt der Versuch, eine Gefahr zu vermeiden, nur in noch größere Gefahr. Wahrscheinlich kam es zu einer Verpuffung alkoholischer Dämpfe, und in blinder Panik verließen alle das Schiff – in sinnloser Angst, es könnte womöglich explodieren. *(triumphierend)* Voilà!

Doyle: *(trocken)* Ich glaube, diese prosaische Erklärung hat damals bereits der Schiffseigner, ein Mr. Winchester, vorgeschlagen.

Holmes: Prosaisch mag diese Erklärung ja sein, Dr. Doyle, aber sie genügt vollauf: Es ist die denkbar einfachste, die mit allen bekannten Tatsachen in Einklang steht. Wir suchen nämlich nicht die umständlichste oder die romantischste und aufregendste, sondern die bei genauer Betrachtung sämtlicher Details naheliegendste Erklärung.

Doyle: Tun wir das?

Holmes: Selbstredend. Sie dagegen, verehrter Dr. Doyle, haben von allen denkbaren Erklärungsmustern zielsicher dasjenige ausgewählt, das die meisten unbewiesenen und unbeweisbaren Zusatzannahmen enthält: Nicht nur, dass Sie zahllose Fakten verfälscht, Namen, Herkunft, ja sogar Geschlecht der Personen völlig unnötig geändert haben – Sie haben auch noch gleich drei zusätzliche Passagiere hinzugedichtet und, als ob das nicht reichen würde, noch einen Stamm wilder Sahara-Neger eingeführt. Absurd, das müssen Sie doch zugeben!

Doyle: *(kühl)* Absurd ja, aber auch unterhaltsam. Ich kann mir jedenfalls nicht vorstellen, dass eine Verpuffung alkoholischer Dämpfe – so zutreffend Ihre Theorie auch sein mag – die akzeptable Hauptfigur für eine gute Geschichte abgegeben hätte. Das müssen Sie doch zugeben, oder etwa nicht?

Holmes: *(scharf)* Es geht um Fakten und Logik, nicht um irgendwelche erfundenen Geschichten!

Doyle: Da bin ich anderer Ansicht, ehrlich gesagt. Nur Toren konnten meine frei erfundene Geschichte als eine Erklärung der historischen Tatsachen missverstehen.

Holmes: *(störrisch)* Solche phantastischen Methoden sind unverständlich und inakzeptabel, Dr. Doyle. Ich wünsche nicht, damit in Verbindung gebracht zu werden.

Doyle: Besprechen Sie das bitte mit Dr. Watson. Ich sehe schon, es ist müßig, sich mit Ihnen darüber auseinander zu setzen. Wie auch immer, ich danke Ihnen für das exzellente Mahl und erlaube mir, mich jetzt zu verabschieden.

(Steht auf, nimmt Hut und Mantel, dreht sich aber nochmals um, bevor er geht.)

Doyle: Gerade Sie, Mr. Sherlock Holmes, sollten von allen lebenden Menschen derjenige sein, der Fiktion und Realität am besten auseinander halten kann. Guten Abend, die Herren.

(exit Arthur Conan Doyle)

Holmes: Ein unbelehrbarer Bursche, wirklich!

Watson: Das müssen Sie gerade sagen, Holmes.

Holmes: Wie meinen Sie das, Watson? Es ist doch einfach unverantwortlich, wie so ein Phantast nur der Unterhaltung wegen willkürlich irgendwelche Gerüchte in die Welt setzt. Die Lösung eines ernsthaften Problems kann und darf nicht darin bestehen, dass man nach Belieben ein Kaninchen aus dem Hut zaubert! *(ereifert sich)* Fehlt nur noch, dass Ihr Dr. Doyle einen blinden Passagier aus der Luft greift – da arbeitet ja sogar Lestrade noch solider! *(hilflos)* Das verstehen Sie doch, Watson, nicht wahr?

Watson: Ich verstehe vor allem, dass Conan Doyle eben Schriftsteller ist und Lestrade Kriminalinspektor.

Holmes: Banal, Watson, aber was hat das damit zu tun?

Watson: Alles, mein lieber Holmes. Ist Ihnen niemals in den Sinn gekommen, dass es vielleicht etwas zu bedeuten hat, wenn Doyle aus der „Mary" eine „Marie Céleste" macht?

Holmes: Was könnte das zu bedeuten haben? Eine Schlamperei, nichts weiter!

Watson: *(seufzend)* Ich gebe es auf, Holmes. Das beste wird es sein, ich ziehe mich jetzt zurück. Gute Nacht, schlafen Sie gut.

(exit Dr. Watson)

Holmes: *(kopfschüttelnd)* Matilda Briggs! … Matilda Briggs! … Wie kann man sich nur so etwas ausdenken!

(exit Sherlock Holmes, init Mrs. Hudson)

Hudson: *(Räumt den Esstisch ab, stellt das Tablett ab und wendet sich zum Publikum)* Männer! Je klüger sie sind, desto weniger verstehen sie. Diese Gentlemen sind lauter Gockel – und jeder meint, er hat die schöneren Federn.[21]

(Vorhang)

finis

21 Damit hat Mrs. Hudson einen späteren Ausspruch von Ludwig Thoma verallgemeinernd vorweggenommen. Bei Thoma – bzw. genauer dessen Jozef Filser – bezog sich die Aussage auf Professoren.

Anhang 1

Conan Doyle und die „Mary“ oder „Marie Céleste“

Ein „Geisterschiff“ und seine verschwundene Besatzung – das war schon im 19. Jahrhundert der Stoff für Massenmedien aller Art, für Artikel und Geschichten, worin Fakten und Fiktionen nahtlos ineinander übergehen. Wenn Sherlock Holmes sich mit Conan Doyle und Dr. Watson darüber streitet, was Literatur darf (oder muss oder nicht soll), dann bietet sich dieses Rätsel der Weltgeschichte als Thema geradezu an: Es ist historisch belegt, war damals allgemein bekannt und weckt bis heute Interesse; und bis heute lassen sich Fakten und Fiktionen kaum auseinander halten: Aus der historisch-schnöden „Mary Celeste“ ist mehr denn je die romantisch-legendäre „Marie Céleste“ geworden.
Außerdem war das einer der ersten Stoffe, die Conan Doyle literarisch verarbeitet hat.

Dass die Erzählung „J. Habakuk Jephson's Statement“ zunächst anonym veröffentlicht worden war, mag mit dazu beigetragen haben, dass mancher Leser dazu neigte, sie als Tatsachenbericht zu akzeptieren. 1884 waren die Print-Massenmedien offenbar noch so jung, dass man ihnen gegenüber recht leichtgläubig war; insofern musste Conan Doyle damals eine ähnliche Erfahrung machen – natürlich in viel kleinerem Maßstab – wie später Orson Welles in den Anfängen des Radios

1938. Anklänge an dieses Thema finden sich auch in Conan Doyles späteren Werken. Wie Edgar Smith 1952 festgestellt hat, erinnert die von Sherlock Holmes im Abenteuer des „Vampirs von Sussex“ erwähnte „Matilda Briggs“ stark an das legendäre Geisterschiff, denn genau so hieß die kleine Tochter des Kapitäns. (Aber auch schon in Thackerays „Vanity Fair“ gibt es eine Figur gleichen Namens.)

Die spätere Sherlock-Holmes-Forschung (J. David Kiser) spekuliert sogar über eine mögliche Verwandtschaft, wenn nicht gar Identität von J. Habakuk Jephson und John H. Watson – was freilich sehr weit hergeholt scheint.

Sherlock Holmes hätte mit seinen chemisch-physikalischen Kenntnissen die hier zugrunde gelegte Verpuffungstheorie problemlos „aus dem Ärmel schütteln“ können. Die erwähnten Details, die zu dieser Theorie passen, sind: offene Ladeluken, Schiffspapiere (außer Logbuch) sowie Sextant und Chronometer fehlten, Schiffskompass und Reling beschädigt sowie vor allem das lose Tau, das vom Heck des Schiffes ins Wasser hing. Unerheblich ist bei dieser Erklärung dagegen der Wasserstand von einem Meter in der Bilge bei nur einer funktionstüchtigen Pumpe.

Die von Conan Doyle geänderten Daten betreffen zunächst sämtliche Eigennamen, nicht nur von Personen, sondern auch von Orten (lediglich der Schiffsname „Dei Gratia“ wurde wohl aus Flüchtigkeit beibehalten). Der Zeitpunkt der Tragödie wird um genau ein Jahr in die Zukunft verlegt, von 1872 auf 1873. Aus der zweijährigen Sophia Matilda Briggs macht er einen kleinen Jungen. Seltsamerweise erfindet er auch die Ladung neu: Statt Industriealkohol sind es nun amerikanische Standuhren und Talg; ob dahinter eine tiefere Absicht stand, ist fraglich.

Immerhin kann nicht ausgeschlossen werden, dass Doyle die Relevanz der ursprünglichen Ladung kannte, denn – wie im Text erwähnt – war die Verpuffungstheorie schon früh von James Winchester, dem Schiffseigner, als mögliche Erklärung propagiert worden. Darüber hinaus ersetzte Doyle zwei der Matrosen durch Neger und fügte, völlig frei erfunden, drei Passagiere hinzu – darunter den Ich-Erzähler Habakuk Jephson sowie den rätselhaften und skrupellosen Septimius Goring, welcher in der Tat einen besseren Schurken abgibt als das den schnöden Naturgesetzen folgende „Puff!" der Alkoholdämpfe. Geographisch führt er die fiktive „Marie Céleste" auf den Kurs von Boston nach Lissabon, während die historische „Mary Celeste" von New York nach Genua unterwegs war. Mit einem Trick lässt er sie in Richtung nordafrikanische Atlantikküste abirren (und typischerweise stört es weder ihn noch die Leser, die seine Geschichte ernst nahmen, dass ein unbemanntes Segelschiff angesichts der vorherrschenden Winde und Strömungen von dort wohl kaum zurück in den offenen Atlantik vor der Straße von Gibraltar hätte treiben können). Offenbar nahm er ganz einfach den nächst besten weißen Fleck auf der Landkarte, der in der Nähe des realen Fundorts nicht vom Meer bedeckt war; und geschickt verknüpfte er bei dieser Gelegenheit die schwarzen Bewohner des schwarzen Erdteils mit den in Amerika schwelenden Rassenkonflikten.

Ein glaubwürdiger historischer und sozialer Hintergrund für eine völlig unglaubliche Story, der man es aber nicht anmerkt, dass sie an den Haaren herbeigezogen wurde – das war also schon zu diesem frühen Zeitpunkt (1883) das Talent und Erfolgsrezept von Arthur Conan Doyle!

Anhang 2

Sherlock Holmes über seinen Biographen und Autor

Bekanntlich stand Sherlock Holmes den Romanen und Erzählungen seines Freundes und Biographen Dr. Watson mehr als kritisch gegenüber: Insgesamt vierzehn mal moniert er dessen Darbietungsweise, wobei er nicht etwa kritisiert, dass Watson *zu schlecht* erzählt, sondern dass er es *zu gut* tut. Holmes hätte nämlich viel lieber eine wissenschaftliche Darstellung, ja geradezu eine Reihe von Vorlesungen über angewandte Logik.

Wenn man jedoch – wie es Peter Wayand in seiner Kriminalgroteske „Der Fall Conan Doyle“ auf die Bühne bringt – die Hypothese akzeptiert, dass die veröffentlichten Berichte gar nicht von Watson, sondern von Doyle stammen (oder dass dieser zumindest einen erheblichen Anteil daran hatte), dann überträgt sich Holmes’ Kritik natürlich auch auf Doyle. Daraus erklärt sich das äußerst gespannte Verhältnis zwischen den beiden, wenn Holmes und Doyle einander jemals begegnet wären – ein Aspekt, der bei Wayand wohlweislich ausgespart wird. Was wäre bei einem solchen Aufeinandertreffen wohl passiert? Hätte Holmes seine Animositäten überwinden können? Genau das habe ich in meinem kleinen (Beziehungs-)Drama versucht herauszuarbeiten.

Aber egal, ob die Kritik von Holmes nun auf die schriftstellerischen Bemühungen von Dr. Watson oder doch auf das zielt, was Conan Doyle am Ende daraus macht: Etwas ungerecht ist sie allemal, wie schon oft festgestellt worden ist.[22] Selbst wenn ihm Ruhm so wenig bedeutet haben sollte, wie er von sich behauptet, sein Erfolg basiert mit darauf.

Dennoch ist seine Kritik massiv – 14 Belege in einem Korpus von 60 Texten ist ja nicht gerade wenig. Bemerkenswert ist auch die zeitliche Verteilung dieser kritischen Äußerungen: 1890 im „Zeichen der Vier“, 1892 in den „Blutbuchen“ (gleich zweimal), 1893 im Fall des „Krüppels“. Dann erst wieder 1904 in „Abbey Grange“, 1908 in „Wisteria Lodge“ (zweimal), 1922 in „Thor Bridge“, 1924 im „Vampir von Sussex“ (zweimal), 1926 im Fall des „bleichen“ bzw. „erbleichten Soldaten“ (ebenfalls zweimal), erneut 1926 in der „Löwenmähne“ und schließlich nochmals 1926 im vorvorletzten veröffentlichten Fall, dem „Farbenhändler im Ruhestand“.

Nur ein mal (in der „Löwenmähne“) *bedauert* es Holmes, dass er selbst zur Feder greifen muss, und lobt somit indirekt den Chronisten. Die verbleibenden Belege sind jedoch allesamt von kritischer Art. Es fällt auf, dass sich die negativen Bemerkungen am Schluss des Kanons häufen, vor allem im Case-Book („Buch der Fälle“): Gegen Ende 1926 schrieb Conan Doyle, nachdem er lange Zeit nur noch sporadisch „geliefert“ hatte, eine letzte kontinuierliche Folge von Holmes-Erzählungen. Wie es scheint, hatte er zu diesem Zeitpunkt weder große Ideen für noch große Lust auf Detektivgeschichten. Er interessierte sich hauptsächlich für Spiritismus; um so mehr sollte man ihm zugute halten, dass er dies nicht in den Kanon einfließen ließ. Offenbar hatte er

---

22 Vgl. etwa Nick Rennison: „Sherlock Holmes. Die unautorisierte Biographie“, Düsseldorf (Artemis & Winkler: Patmos) 2007; S. 129f, 210ff.

sich, bei aller Esoterik, doch gesunden Menschenverstand und kommerziellen Instinkt bewahrt.

Selbst wenn man also annimmt, dass Conan Doyle seiner Figur eine Art von Selbstkritik „in den Mund legt“, darf man das nicht überbewerten. Eigentlich macht er damit eine gewisse Beschränktheit von Sherlock Holmes deutlich und grenzt sich von diesem ab.

Aber auch aus Holmes spricht eine gewisse Altersweisheit. Nicht etwa, dass er gegenüber Watson durchgängig einsichtiger und milder wäre – das ist er nur bei seltenen Gelegenheiten, immerhin. Vor allem räumt er erstmals ein, dass es ihm doch auch um Anerkennung und Bestätigung seines Egos geht, was ja ein völlig normales sozialpsychologisches Grundmotiv ist, wenn nicht gar eine anthropologische Konstante[23]. Bemerkenswert ist lediglich, dass Holmes es im „Löwenmähnen“-Abenteuer zugibt; wenn auch nur gegenüber dem Leser, der dies sowieso schon längst ahnt, nicht etwa im Dialog mit Watson. Im Abenteuer der „Blutbuchen“ hatte Holmes noch jede Selbstsucht oder Eitelkeit weit von sich gewiesen und behauptet, es gehe ihm völlig unpersönlich nur um die Sache an sich; nun räumt er ehrlich – endlich einmal – ein, Watson hätte seinen Triumph besser ausmalen können.

Offenbar hat er mit zunehmendem Alter größere Selbsterkenntnis erworben; oder vielleicht ist die Fähigkeit zur Selbsttäuschung überhaupt das Charakteristikum und Privileg der Jugend?

---

23 Vgl. Georg Franck: „Ökonomie der Aufmerksamkeit. Ein Entwurf“, München (DTV) 2007, Kap. 3

PETER WAYAND

DER FALL CONAN DOYLE

EINE KRIMINALGROTESKE

VERLAG 28 EICHEN

Sir Arthur Conan Doyle

Ausgewählte Werke

HERAUSGEGEBEN VON OLAF R. SPITTEL

Band 1: Das Geheimnis von Cloomber
Band 2: Ein gefährlicher Ausflug
Band 3: Im Giftstrom
Band 4: Die Abenteuer des Louis de Laval
Band 5: Mammon & Co.
Band 6: Die verlorene Welt
Band 7: Der Parasit
Band 8: Geschichten am Kamin
Band 9: Die Abenteuer des Brigadier Gérard, 1
Band 10: Die Abenteuer des Brigadier Gérard, 2
Band 11: Die grüne Flagge
Band 12: Mein Freund der Mörder
Band 13: Die Réfugiés
Band 14: Die Abenteuer des Micha Clarke
Band 15: Ein Duett
Band 16: Lady Sannox
Band 17: Sherlock Holmes 1 - Späte Rache
Band 18: Sherlock Holmes 2 - Das Zeichen der Vier
Band 19: Sherlock Holmes 3 - Die Abenteuer
Band 20: Sherlock Holmes 4 - Die Erinnerungen
Band 21: Sherlock Holmes 5 - Der Baskerville-Hund
Band 22: Sherlock Holmes 6 - Die Auferstehung
Band 23: Sherlock Holmes 7 - Das Tal der Angst
Band 24: Sherlock Holmes 8 - Die Zugabe
Band 25: Sherlock Holmes 9 - Das Archiv
Band 26: Der Krieg in Südafrika
Band 27: Das Congoverbrechen
Band 28: Der Tauchbootkrieg
Band 29: Lord Barrymore
Band 30: Die rote Lampe
Band 31: Die Bekenntnisse des Stark Munro

im

VERLAG 28 EICHEN
BARNSTORF
D-49406 Barnstorf, Dreeke 80
www.verlag28eichen.de